那一年,我在巴黎

跟海明威一起享受流動的饗宴

珍妮絲·麥克里歐
Janice MacLeod

獻給山本雪倫（Sharon Yamamoto）
謝謝妳送我世界上最完美的咖啡杯，
沒有它，這本書不可能完成。

如果說我想特別宣揚什麼理念，那就是不斷出走，盡可能到世界各地遊歷，不管多遠都無妨。橫跨海洋，或者，僅僅是跨過一條小河也沒關係，只要能夠感受到別人的生活，或是品嚐他們的日常飲食，都會讓你的生命更有厚度。敞開你的心靈，現在就從沙發上起身，走吧！

——安東尼·波登

目錄

前言   1

January ╱ Janvier   3
馬車綠的一月：新年假期裡的旋轉時光

February ╱ Février   24
紅色的二月：浪擊不沉的生命與橋梁

March ╱ Mars   45
灰色的三月：春雨中被怪獸守護的聖母院

April ╱ Avril   68
粉紅色的四月：喚醒沉睡欲望的市集日

May ╱ Mai   89
亮綠色的五月：小心，街頭藝術家入侵！

June ╱ Juin   111
五顏六色的六月：文人咖啡店前愛情的花朵綻放

July ╱ Juillet   133
藍白紅的七月：凡爾賽宮的水晶燈下聽不見哭泣

August ╱ Août   154
水藍色的八月：艾菲爾鐵塔偶爾也想獨處

September ╱ Septembre   177
橄欖綠的九月：從不遺棄長棍麵包的法國人

October ╱ Octobre   199
橘色的十月：被風吹散的落葉公園

November ╱ Novembr   220
灰色的十一月：像法國人脾氣的漫長冬夜

December ╱ Décembre   242
亮黃色的十二月：閃閃發光的聖誕快樂

謝詞   265

巴黎是座適合散步的古老城市，走過帶著中世紀古意的小街角，人聲鼎沸的大街道接著就迎面而來，剛剛擦身而過的公寓牆上有個小告示牌，它告訴你，某個偉人在這棟公寓裡出生、生活，直到過世；再下一個街角，又有另一個類似的告示牌映入眼簾。你也可能會被那些華麗的路燈吸引，細看才發現，這些路燈上的花樣都跟航海有關；接下來的好幾天，你漫步在這座城市裡，尋找這些充滿航海風格的景物。你發覺公園的長椅、學校裡、雕像上，都有這些航海主題的花樣。

剛開始我只是把這些小發現草草記錄在我的旅行日記裡，慢慢的，這本日記裡增加了我隨手畫的圖、不小心灑下的鋼筆墨跡還有照片。從這些紀錄中我發現了一個規律——不同季節的巴黎有不同色調，春天是粉紅色、秋天是橘色，而冬天則是各種細緻沁涼的藍色揉合而成。我也發現，巴黎的每一天都以不同的聖人命名，所以我把這些聖人的名字也加進了內頁。有時候我會看見一抹紅色的光線在淡米白色的建築背景襯托之下，更顯亮眼鮮明，我先用相機拍下畫面，然後拿出隨身攜帶的水彩組和旅行日記，試著描繪出同樣的景色。直到現在我依然樂此不疲的如此記錄巴黎的風景；對好奇的藝術家來說，巴黎的美好永遠探究不盡。

這些素描手稿通常都會變成我的「巴黎情書」；我每個月會用繪畫記錄巴黎的生活，然後把這些搭配了插畫的信寄給期待收到手寫信的朋友。在這個數位時代，收到實體信件已經變成一件新鮮事。

這本充滿插圖的旅行日誌內容全都摘取自我隨身的記事本，它是一本回憶錄、是一本旅行指南，更是我對美麗巴黎的謳歌。

Allons-y！我們出發吧！

133, rue Mouffetard, 75005

1 Friday Vendredi

01

Bonjour

02

03 　我在巴黎的每一天都從「Bonjour！」開始。這句話就像「芝
麻開門！」一樣神奇，一說出口，可以瞬間從異鄉客化身
04 為當地人。說這句話的時候一定要充滿自信，別因為害羞
而把話含在嘴裡，每句話後面最好搭配Monsieur（先生）或
05 Madame（女士）。讓我們一起大聲說 Bonjour！

06
　自從我在機場學會跟陌生人借過時要說什麼，就差不多取得
07 融入法國生活的敲門磚了。每天的招呼只要重複以下這幾句
話就行：
08

09 "Bonjour monsieur."（嗨，你好）
"Bonjour madame."（嗨，你好）
"Ça va?"（你好嗎？）
10 "Ça va."（很好。）"Ça va?"（妳呢？）
"Ça va."（我也一切都好。）
11 "Bonjour."（祝妳有美好的一天。）
"Bonjour."（你也是。）
12

13 Bonjour Bonjour Ça va Ça va Ça va Ça va……在法國，真的
這樣簡簡單單就可以對話。
14

15 法國人從不用揮手來打招呼，如果你對他們揮揮手表示善
意，他們會跟盯著逗貓棒的小貓咪一樣，眼光直跟著你的手
16 轉動。

17 法國人喜歡用說的。

18

4 Monday Lundi 　　　　　　　　　　　　　　　　　Week 1

01

02

03

04

05

06

07

08

09

10

11

12

13

14

15

16

17

18

Bonne Année et Bonne Santé

走在路上，跟著微風一起傳來的是一聲聲「新年快樂！」、「祝你健康！」（這時Bonjour的意思就被這兩句話取代了）。這段時間裡，各店家開始把之前的節日裝飾取下，為新的一年重新妝點店面。蒂尼先生是其中最可愛的一位店主。

26年來，他都經營著一家叫做「書寫旋律」的小店，從塞納河右岸走一小段就可以抵達。這家小店裡，紙、墨、筆的收藏規模令人嘆為觀止，不必接待客人時，蒂尼先生會坐在他的工作桌前，認真書寫結婚邀請函。蒂尼先生本身就是位專業的書法家，他對手寫字的愛好更是沒人比得上，我說的一點也不誇張。

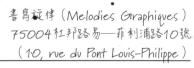

書寫旋律（Melodies Graphiques）
75004杜邦路易—菲利浦路10號
（10, rue du Pont Louis-Philippe）

5   Tuesday Mardi

01 我走進蒂尼先生的店裡，說我想找一枝最好的西洋墨水筆，蒂
尼先生馬上從他的椅子上跳起來，在放筆的貨架上東找找西找

02 找，仔細的逐一檢視每一款筆尖，接著，他突然眼神一亮的選
了一款筆尖，然後把它接到筆桿上。在這堆西洋墨水筆的旁邊

03 還放有一大堆試寫本，讓大家試試每款筆的手感；蒂尼先生用
華麗的手勢把試寫本翻到全新的空白頁，將筆尖沾上墨水，龍

04 飛鳳舞的寫下「Calligraphy」。接著他轉向我說：「用世界上

05 最好的筆，寫下的最美的字。這就是專屬於你的筆。」我忍不
住提出疑問，畢竟，這支筆既不是最貴也不是最美的一枝，蒂

06 尼先生揮揮手，沒有直接回答我，因為一開始我要求的並不是

07 最美的筆，而是「最好」的。他走回他的工作桌，把我的西洋
墨水筆包裝起來，嘴裡說著：「我擁有世界上最棒的工作。大

08 家來到我的店裡，最大的煩惱就是怎麼找到最適合的筆、墨水

09 或是紙張；對我來說，解決這些問題難不倒我。」

6 Wednesday Mercredi

01

02

03

04

05

06

07

09

*"The wand chooses
the wizard, Mr. Potter."*

（魔杖會自己選擇巫師，波特先生）

——奧利凡德，《哈利波特——神祕的魔法石》‧J‧K‧羅琳

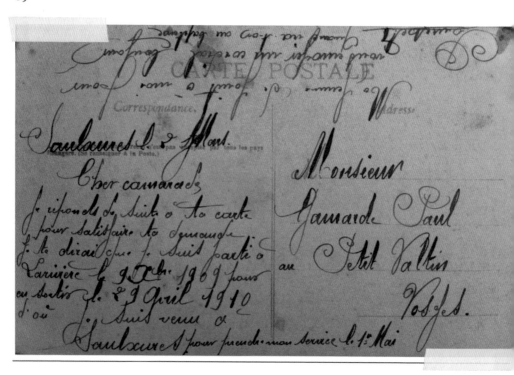

7 Thursday Jeudi

01

02

03

04

05

06

07

08

09

10

11

12

13

14

15

16

17

18

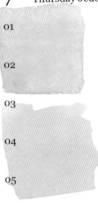

Flea Market Finds

跳蚤市場的法文是「brocante」，我今天剛好遇到了一場brocante。這些小型的跳蚤市場會在城市各地舉辦好幾天。從跳蚤市場較大宗的販售商品裡，可以看出一個城市的基調是什麼；像法國這樣的老城市，你可以在這裡的跳蚤市場找到復古的時尚風貌、老盤子、一大堆羽毛。這裡的跳蚤市場裡也常常出現販賣老明信片的攤位，我大部分的時間都是在這些攤位逗留。不過我挑明信片不是看正面的圖樣，這點讓攤位的老闆們很困惑，其實我想找的是明信片背面的那些優美字跡、郵票、斑駁痕跡。挖寶到一大堆老明信片後，我轉移陣地到安潔莉娜咖啡店，準備好好看看我的戰利品。

01
02
03
04
05
06
07
08
09
10

Maison fondée en 1903

ANGELINA

PARIS

11
12
13
14
16
17
8

安潔莉娜咖啡店裡有全世界最棒的熱可可。店裡的熱可可又濃郁又香醇，絕對可以溫暖你的身心。我一般都在櫃台點一杯外帶，外帶和內用的容量、內容物完全相同，但外帶只需內用的一半價錢。不過今天我有一大堆老明信片要仔細欣賞，我也想用新買的西洋墨水筆寫寫明信片，所以我在咖啡廳深處的角落找了個位子，偷偷觀察咖啡廳裡的老紳士和女士們。他們通常都是自己一個人泡咖啡館，全身精心打扮。男士們都穿著西裝，女士們則戴著各種珠寶，緩慢優雅的啜飲他們的熱可可。男男女女，各個都像美麗高雅的孔雀。

安潔莉娜咖啡店（Angelina's café）
75001里沃利街226號（226, rue de Rivoli）

11 Monday Lundi

這名紳士正在用他的西洋墨水筆解數學題。

01
02
03
04
05
06
07
08
09
10
11
12
13
14
15
16
17
18

The Routine

每個人的日常生活都會有一些慣例。如果你在巴黎住久了，會開始對那些離你家步行三十分鐘左右的店家越來越有興趣。畢竟巴黎就是個適合漫步的城市，而它也總是會提供你各種理由，讓你在城市裡散步，它會在你的心中種下一種「那人卻在燈火闌珊處」的騷動。我自己很愛去的一家店是在第六區的書報店，我會假裝瀏覽一堆堆的雜誌，實際上偷偷觀察每天都會來買書報的同一群人，他們走進來，高聲說：「Bonjour.」拿出幾個銅板來，把報紙摺起，用手臂夾著，說了聲：「Au revoir.」隔天也重複一樣的動作。我偷偷注意他們的同時，他們是否也注意到我？如果是，那他們會不會覺得我跟他們每天的背影交錯非常迷人呢？但我猜不會，我想，他們應該只會不斷的朝著腦海裡下一個「目的地」前進。這就是巴黎人生。

4, rue Grégoire de Tours, 75006

13 Wednesday Mercredi

01

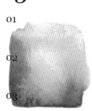

02

03

04

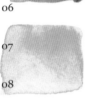

05

06

07

08

09

10

11

12

13

14

海明威住在巴黎時，從他的住家出發，不論往哪一個方向，只要三十分鐘的步行就可以找到酒吧。戰後，海明威決定在巴黎長住；那時有許多美國人選擇移居巴黎，想要過便宜一點的生活。現在雖然在巴黎生活再也不便宜了，但一切都是值得的。

15

「巴黎永遠都值得造訪，不管你帶給它什麼，它都會回報你。不過那已經是以前的巴黎了，在那個我們還很貧窮卻很快樂的時候。」

16

17

————《流動的饗宴》，海明威

18

11

14 Thursday Jeudi   Week 2

01

Haunted by Hemingway

02 毫無疑問，海明威一直都在巴黎。雖然肉身已死，但他的鬼魂
依然不斷經歷著他在巴黎的生活———那個他還只是厄尼斯特
03 的日子。讀完海明威為巴黎所寫的回憶錄《流動的饗宴》，
書中的字字句句開始滲進我的生活。跟克里斯多夫去酒吧，
04 他有時會去外面跟認識的朋友握手聊天，這時海明威的靈魂
就會悄悄在我耳邊低語。他的聲音很清晰，雖然只是書中的
05 寥寥數語，卻在我心頭縈繞不去、鼓勵著我；我所有跟文學
有關的疑問也在這短短兩分鐘內煙消雲散。克里斯多夫回來
06 後，我感覺得到海明威已經走遠，回去啜飲他的威士忌了，
他是專屬於我的鬼魂。有時我散長長的步，海明威會走在我
07 身邊，邊漫步邊四處指點，提醒我別忘了看看這個門口的雕
刻細節，那裡的牆上多了一幅塗鴉，這本書不讀可惜。我把
08 這些小小的生活細節都記在我的日記裡。海明威是個親切的
好朋友，指引我寫下我專屬的巴黎回憶錄。
09

10

11 「妳屬於我，整個巴黎也屬於我，而我只屬於這記事本和這
鉛筆。」
12
———《流動的饗宴》，海明威

13

15 Friday Vendredi   *Week 2*

01
The Polidor

02
關於海明威的一切都在我心頭縈繞不去，所以我也開始跟隨

03
他的腳步，造訪一些他常去的地方。其中一個比較知名的地

點是以紅酒燉牛肉（*boeuf bourguignon*）而聞名的波麗多餐

04
廳。不過我在吃它們的燉牛肉時，伸手拿鹽罐拿了不少次，

難道這是一家徒有虛名的餐廳？難道時間久了，已經沒有人

05
記得餐廳當初是怎麼出名的了？

06
當時是否因為它是附近的唯一一家餐廳，所以造就了它的知

07
名度？若真是如此，它如今也已經不是附近唯一的餐廳了，

周遭可是出現不少競爭對手，而且，怎麼說呢……其他餐廳

08
的菜至少還有加鹽呢。不過波麗多的用餐環境很棒，而且他

們的店內招牌酒又便宜又好喝，也許這就是波麗多受歡迎的

09
原因吧。

10

11

17

18
波麗多餐廳（Polidor）
75006 王子先生路41號（41, rue Monsieur le Prince）

01

02

03

04

05

06

07

08

09

10

11

12

13

14

15

16

17

18

一想到海明威，很難不聯想到史考特・費茲傑羅（F. Scott Fitzgerald）和澤爾達・費茲傑羅（Zelda Fitzgerald）。1920年代他們住在巴黎，那時候有許多美國作家蜂擁而至這座城市。史考特在從軍時遇見澤爾達，當初她不願意跟史考特結婚，因為微薄的寫作收入無法支持他們的生活，直到史考特簽下一本書的寫作合約，她才接受了他的求婚。從費茲傑羅夫妻的真實人生，你可以看出《大亨小傳》的故事劇情發展從何而來。雖然最終澤爾達出現精神問題，住進了精神病院並且死在那裡，但是在那段巴黎時光裡，他們的生命就像一場馬戲團大秀，而他們就是表演中的閃耀巨星。

寫生地點：75003皇家公園路16號（16, rue du Parc Royal）

19 Tuesday Mardi *Week 3*

01

「我自認並不了解你，但我知道，你聞起來就像老舊牆邊帶
著潮濕香氣的青草；你的雙手優美的從袖中穿出、張開；風

02

吹來煩憂時，你的後腦杓就會像個長滿青苔的藏身之處；而

03

我的雙頰則和你的臂彎完美吻合。」

—— 澤爾達·費茲傑羅

04

05

06

07

08

09

10

11

12

13

「他告訴我，他是在戰爭時第一次遇見她，後來失去她，卻
又贏回她的心…他第一次告訴我澤爾達和一個法國海軍飛行

14

員陷入熱戀的故事時，這個版本的故事讓我非常難過，我也
相信它是真人真事。後來他又跟我說了這故事的各種版本，

15

似乎是想試著把這故事用在小說寫作裡，但是它們都沒有原
來的那個故事悲傷，我也只相信這故事的第一個版本才是真

16

的…隨著多次的更改，故事似乎一次比一次好，但是它們都

17

不像那第一個故事令你心碎。」

—— 《流動的饗宴》，海明威

18

15

Captive on the Carousel of Time

01
02
03
04
05
06
07
08
09
10
11

12
13
14
15
16
17
18

有時候，悲傷會讓人變得情緒化。每年的新年假期中，巴黎到處都出現旋轉木馬，這是巴黎市長送給城市居民和訪客的禮物。今天旋轉木馬要收起來了，工作人員開始把旋轉木馬搬到卡車上。有個小孩子站在旁邊看著，放聲尖叫，那孩子大聲狂叫到附近的遊民，西班牙人，也都停下跟他不存在的朋友打架的動作，轉而看著那個小孩不斷大叫。這孩子的父母就站在一旁，慢慢等那孩子哭完，此時負責搬運旋轉木馬的工人則是一臉不高興的把木馬們送上貨車，顯然覺得那尖叫的孩子太煩人。

01
02
03

Speaking of Screaming One's Head Off . . .

04

1793年1月21日，法國國王路易十六在巴黎被砍頭。他一即位就從前一任揮金如土的國王那裡繼承了一堆爛攤子，有些法國國王們受到愛戴，甚至得到人民崇拜，不過這位路易十六則被視為笑話。

05
06
07

那時巴黎的失業率大約是50%，農作物不足而且食物價格非常高，也因此亂事四起。法國蝸牛是因為戰爭而出現的食物，畢竟蝸牛是種蛋白質來源，而且只要去森林裡撿就有，不必花錢買。

08
09
10

1月21日早上，僕人為路易十六穿好衣裳，帶他上了一台綠色馬車，載到一個大廣場，就是現在的協和廣場（*Place de la Concorde*）。國王走下馬車，脫下他的外衣，整整齊齊的將衣物摺好，伸出雙手任人以白色手巾綑綁。斷頭儀式在匆促之間就結束了，突然有人高聲呼喊：「共和國萬歲！（*Vive la République*）」，圍觀的人民便開始大聲慶祝國王之死。

11
12
13
14
15
16

時至今日，巴黎塞納河畔的公園座椅或是書報攤如果要上漆，都得漆上同一個顏色——馬車綠。

17
18

22 Friday Vendredi

01

Carriage Green

02

01

Wallace Fountains

02 在巴黎各處都可以看到瓦拉士噴泉，噴泉本身漆上了馬車

03 綠；這些噴泉是慈善家理查・瓦拉士的義舉。他覺得像巴黎

這樣大多數人都靠步行移動的城市，竟然沒有任何設施提供

04 免費飲水為行人解渴，實在是太荒謬了。因此他創造了這個

提供免費飲水的噴泉，噴泉主體是四個姊妹的雕像，她們分

05 別代表——仁慈、簡樸、博愛、節制。噴泉的水柱從這四姊

06 妹的手臂後方湧出，所以行人只要拿著自己裝水的容器靠近

出水口，就可以取得免費的飲用水。時至今日，這些噴泉噴

07 出的水仍是巴黎遊民的主要飲用水來源。這種慈善設施真是

非常有愛心、樸實、慈祥，同時也可以讓需要飲水的行人醒

08 醒腦。我特別偏愛我最愛的書店外面那個噴泉，在書店中瀏

09 覽群書過後總是特別口渴。

10

11

12

13

14

15

16

17

18 *37, rue de la Bûcherie, 75005*

01

02 一月的巴黎沒有什麼特別的花樣，不過這也正是一月巴黎的特色。一月離觀光旺季還有一段時間，然而節慶假期的喧

03 鬧記憶又是一段時間前的事了，正逐漸淡出腦海，聖誕節大

04 肆裝飾的聖誕樹通通都堆在公園裡，等待著市裡的清運卡車將它們載走。每棟小公寓都像一座小凡爾賽宮，不僅人去樓

05 空，華麗的裝飾也都已收拾乾淨。剩下的只有那些城市街道上的閃亮小燈泡，妝點大街小巷。不過甚至連這些小燈泡都

06 開始慢慢消失，一串一串的由帶著高腳梯子的工人們收起。

07

08

09

10

11

12

13

14

15

16

17

18

27 Wednesday Mercredi

01

Shakespeare & Company

02 莎士比亞書店位於塞納河左岸的拉丁區中心，許多英文讀者

03 為了想買到海明威的《流動的饗宴》一書，蜂擁而至這家莎
士比亞書店。這家書店堆滿了新版的《流動的饗宴》，同時

04 也有許多來自各方捐贈的舊版本。在2015年的巴黎恐攻事
件後，《流動的饗宴》全球熱賣，到處缺貨。不過只要知

05 道門路，就會發現這兒還買得到書。莎士比亞的書店原址

06 在巴黎拉丁區的歐迪翁街12號（12, rue de l'Odéon），原
書店主人是席薇亞・碧琪（Sylvia Beach）女士，現址的莎

07 士比亞書店店主則是喬治・惠特曼（George Whitman）先
生，且由惠特曼先生的女兒經營，她的名字也叫席薇亞，就

08 是取自席薇亞・碧琪女士。

09

10

11

12

13

14

15

16

17

18

01

在海明威筆下，席薇亞女士為人和善，臉上表情總是非常生

02

動，喜歡開玩笑、也喜歡說說八卦。

03

「我認識的人中，沒人比她對我更好。」

04

—— 《流動的饗宴》・海明威

05

06

07

08

09

10

11

12

13

14

15

16

17

18

29 Friday Vendredi

01

Les "Pas Possibles"

02 法國人大概是世界上最棒的民族之一，除了那些在簽證申請
中心工作的邪惡法國人。想要在巴黎合法居住不僅會讓你充
03 滿挫折，還很浪費時間。只要一沾上那些簽證申請中心的行政
人員，原來完全可行的事情，通通都會變成「pas possible」，
04 也就是「不可能」。所以我只能對著他們誇張的肢體語言傻
05 笑，點頭表示理解，然後在心裡暗罵自己法文不夠好沒辦法
跟這些傢伙吵架。向聖吉爾達斯祈禱，可以使你免於邪惡
06 的侵擾，而我現在要對抗的是那些行政人員的純然邪惡，所
07 以我向聖吉爾達斯祈禱。在跟邪惡化身般的面談人員見過面
後，我敗退了，得到的是延期的結果，三個月後得再把這些
08 程序通通重新來過。不過我在回家的路上看到了一絲的希望
09 曙光，一幅鼓勵人心的塗鴉，大概是來自聖人的訊息吧：一
切都有可能（Tout est possible.）。

10

11

12

13

14

15

16

17

18

1 Monday Lundi

01 關於簽證申請中心的一切也不是全都那麼糟糕，我去辦手續時

02 坐在一個義大利男人旁邊，他戴著安全帽，腿上還有一大疊相關文件。兩個小時過去，他發現申請中心根本沒叫人進辦公室辦手

03 續，他氣得鼻孔微張；於是他站起身，大步走進辦公室。結果他發現整間辦公室的人都出去享用午餐了，還是慢慢吃的那種慢活

04 午餐，所以辦公室宛如空城。義大利男人被眼前的景象激怒，於是他走出辦公室回到等待區，跟大家宣布他的新發現，下一秒他

05 就開始大聲抱怨，我不得不說，他的抱怨是我聽過最美的法語。

06 那是一種帶著義大利口音的法語腔調，在他口中滾動的「R」音，和輕快爆裂的「P」音，交織成了美妙的交響曲。他的抱怨告一段

07 落後，我甚至想起身鼓掌。抱怨完畢，義大利男人氣呼呼的走出去，我想他應該翻身上他的摩托車，氣得一路騎回義大利了吧。

08

2   Tuesday Mardi

01

La vie est faite de petits bonheurs.

02

03

04

05

06

07

08

09

10

11

12

13

14

15

16

17

18

3 Wednesday Mercredi

01
巴黎有許多美術館，古老的藝術作品啟發觀賞者，然而近代
的藝術作品也同樣鼓舞人心。例如街頭的塗鴉藝術家，他們

02
的作品在街頭為大家帶來各種新奇、發人深省的新想法。其

03
中一個影響我很深的現代藝術家是美國攝影師——妮可·羅
伯森（Nichole Robertson），她的藝術創作形式是——每天

04
走出她在巴黎的公寓，邊散步邊拍照。特別的是，她一天只
拍一種顏色的照片。一天拍黃色，一天拍藍色，受此藝術創

05
作形式啟發，我花了幾天去研究紅色。

06

07

08

09

10

11

12

13

14

15

16

17

18

01
02
03

是因為有周遭建築上奶油般
的中性色調以及灰階色調的
天空，所以紅色才會特別顯
眼嗎？

04
05

攝影師羅伯森曾出版一本
書《彩色巴黎》（Paris in
Color），書中都是她在巴黎
拍攝的照片，並以不同顏色
區分順序排列。在這之後，
她又出了另一本書《愛在巴
黎》（Paris in Love），這本
書裡則是囊括了所有她在巴
黎拍攝的紅色調攝影作品。

06
07
08
09

10
11
12
13

當我覺得紅色收集夠了，我
就會開始尋找另外一種顏
色，各種顏色都收集完後，
我開始選擇不同的主題，一
整天都依當天的主題拍照，
例如：雕像、霓虹燈、各種
紋理…等等。這種拍照方式
很好玩，而且深入的研究特
定物件可以讓你的眼光更加
銳利。另外，這樣拍照讓散
步更有趣了，就好像是在找
復活節彩蛋一樣。

14
15
16
17
18

5 Friday Vendredi

Week 8

01

紅色攫取你的注意力，吸引你的視線。不管是高處的地鐵標
02
誌、一扇門、或是街尾窗邊花台裡的一束花，紅色巴黎，她
引誘著你的目光。

03

——*Paris in Love*，妮可・羅伯森

04

05

06

07

08

09

10

11

12

13

14

15

16

17

18

8 Monday Lundi

Week 6

我跟地鐵夫人是在地鐵站認識的，我們各自搭乘的路線正好在那一站交會，她大概比我大三十歲，所以就算她在我們聊天聊到一半睡著，我也不會怪她。通常我們搭車是為了去新開的茶店，或是得過獎的烘焙坊，列車行駛時的輕柔節奏常讓她忍不住睡著，因此我會在目的地抵達的前一站，清清喉嚨說：「所以⋯」，這時她會突然驚醒，但為了假裝自己沒有睡著，地鐵夫人都會馬上接話。

01
02
03
04
05
06

她會在包包裡帶著她路上順手拿的塑膠湯匙。Picard是法國的冷凍食品販賣店，這家店似乎總是會出現在我們經過的路上，或許其實那是她的規劃路線？總之我也搞不清楚。她總是看起來一派真誠無害，不過我常常覺得自己遊走在被騙的邊緣。例如在我們去Picard的時候，她就會特別「注意」到櫻桃開心果冰淇淋，那是一盒兩入裝的組合。買完走到街上，她會拿出她多的那支湯匙給我，說：「如果是我自己買的話，我就會把兩個都吃掉。」雖然是小事，但我還是有種受騙上當的感覺。即便我一點也不喜歡櫻桃開心果口味，我還是得吃，畢竟地鐵夫人很容易生氣。

07
08
09
10
11
12
13
14
15
16
17
18

10 Wednesday Mercredi   *Week 6*

01 我從來沒把地鐵夫人介紹給我的朋友認識，雖然她常常暗示
我這麼做，不過我都沒認真當一回事。因為我實在不太信任
02 她。她常常講別人的壞話，讓我不禁覺得她總有一天也會說
我的壞話；總覺得有一天她認為我不再是「新朋友」的時
03 候，或是已經從我這裡得盡好處的時候、也可能是她的目的
都達到的時候，她就會開始說我的壞話。
04

05 除此之外，她是個存在感非常強烈的人，而我的朋友都不是
那樣的個性，我們總不能期待一頭大象跟一群小綿羊成為莫
06 逆之交吧？

07

08

09

11 Thursday Jeudi

01

當她發現我在敷衍她後，她希望我把她介紹給朋友的暗示就
變成了明示。她希望我把任務轉交給其他人，希望可以找到
02
另一個在到站前把她叫醒的人。後來她開始覺得我無法滿足
她的需求，也發現我沒有打算介紹任何「接棒者」給她，我
03
就被她丟到日常生活的角落去，慢慢的我也離開了她的生
活。我跟地鐵夫人的故事大約持續了十一個禮拜。
04

05

Fin. （完）

06

07

08

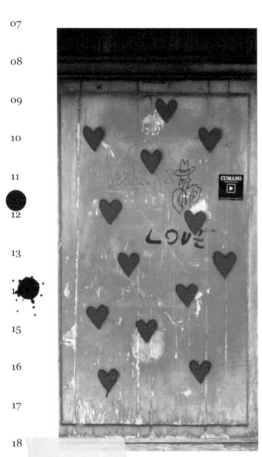

09

10

11

12

13

14

15

16

17

18

12 Friday Vendredi   *Week 6*

01
02
03
04
05
06
07

週末就是情人節了，你可能會想，巴黎的情人節應該會有各種花樣吧？在美國過情人節時，走進藥局一定會被各式各樣的粉紅色情人節裝飾、商品包圍。一般人都覺得巴黎既然是戀人的城市，情人節的慶祝活動應該會特別豐富吧，但其實除了有些賣巧克力的店家會展售心型的甜點，花店有一些促銷活動以外，巴黎的情人節並不盛大。原本我也期待會有遊行、氣球，當然了，還有情人們。不過我今天跟克里斯多夫手牽手走在塞納河邊，我注意到人行道上充滿了手牽著手的情侶，有些人在橋下散步，有些在牆邊親吻，也許這也算是一種情人節遊行吧。不過，這在巴黎可是日常風景。

08
09
10
11
12
13
14
15
16
17
18

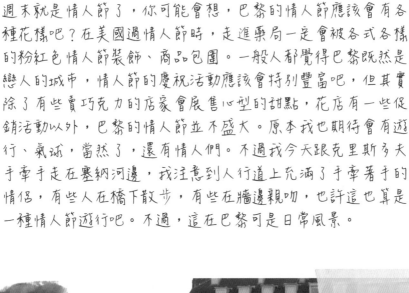

15 Monday Lundi

01

02

03

04

05

06

07

沒什麼比走在巴黎的橋上更引人遐思的了，不論是情緒激盪、引起鄉愁還是甜蜜邂逅，都有可能發生。巴黎的橋每座都獨一無二，都有他們自己的故事。其中幾座橋由拿破崙建造，當初巴士底監獄被摧毀後剩下的石材，也被拿來建橋。有一座橋是供人們許願的，讓情人在橋上鎖上愛之鎖，並把鑰匙投進水裡，象徵戀人間的諾言並締造回憶。不過我跟克里斯多夫懶得去做那些事，我們比較喜歡傳統一點；在河邊的長椅上共享一瓶酒，看一艘艘小船經過。巴黎的象徵標誌是一艘船，你可以在軍人外套上、公共建築物、學校、郵票上看到這個標誌。這個象徵巴黎的標誌背後還有一句城市座右銘：「浪擊而不沉（*fluctuate nec mergitur*）。」

08

11

12

13

14

15

16

17

18

01

02

03

04

「過去橋上兩側都建有房子，而新橋

05
（New Bridge）的特色之一就是為行人
保留了空間，這些空間讓行人得以躲避

06
大型馬車和騎馬的人。我們稱其為『人
行道』。這種創新的空間在當時可是自

07
羅馬道路*出現以後西方第一次出現，在
此之前，沒有任何一個西方城市有這種

08
設施。此外，新橋（Pont Neuf）還是首
座全面以石材鋪設的橋，不久之後，巴

09
黎所有新設街道也都用石材鋪面了。巴
黎行人為何會悠然自得的認為自己是河

10
上之王也就可想而知了。」

11
　　　　　　　——《巴黎之所以為巴黎》

12
（How Paris Became Paris），瓊·德榮

13

14

15

16

17

18

*羅馬道路是古羅馬的重要基礎建設，隨著羅馬國力與版圖的
擴張而延伸，為羅馬軍隊、官員和一般百姓都帶來便捷的交
通，更促進了陸上的通訊與貿易。

01

The Zouave

02
03
有報導指出，巴黎並未有足夠的防洪準備來應付塞納河暴漲，2016年的河水暴漲便對巴黎造成嚴重影響。更令人不安的是，下一次河水暴漲必定會發生，只是時間早晚的問題。

04
05
呵！真是「太棒了（Fantastique）」。阿爾瑪橋的橋墩處有尊朱阿夫兵的雕像，它的外觀是一名北非步兵團的士兵；北非步兵團是法國獲得最多榮譽的兵團之一。每當水位到達朱

06
07
阿夫兵雕像的腳，塞納河就會宣告不宜航行而關閉。坐在咖啡廳裡，我聽到有個男士開著玩笑說水位搞不好會達到朱阿夫兵胯下的「大砲和砲彈」！其實早在1910年，水位就曾高過朱阿夫兵的肩膀呢！

08
09
10
11
12
13
14
15
16
17
18

75008阿爾瑪橋（Pont de l'Alma）

01

Nautical Hints around Town

02

03

04

05

06

07

08

09

10

11

12

13

14

15

16

17

18

19 Friday Vendredi

01

02

03

04

05

「飽受時光打磨的石塊冰冷，起起落落永不止息的潮水在橋下翻滾，似乎也帶走了他們的一部分；清醒的渴求之心令人迷醉，希望與期待令人興奮得顫抖。現在他們是彼此的一切了，他們曾經放棄兩個人一起散步時，彼此臂膀交疊的那種溫度和重量所帶來的快樂。從來沒變的，則是圍繞著他們的，這偉大城市的生命。」

—— 《傑作》，埃米爾·左拉

06

07

08

09

10

11

12

13

14

15

16

17

18

22 Monday Lundi

01

Anaïs Nin's Birthday

02

03

04

05

昨天是阿內絲・尼恩（Anaïs Nin）的生日，她曾在1920年代跟丈夫雨果（Hugo Guiler）住在巴黎。他們租了公寓，阿內絲・尼恩在公寓裡發現被藏匿起來的情色文學作品。自從她閱讀這些情色文學後，她開始渴望一些雨果無法帶給她的感覺。而在跟亨利・米勒（Henry Miller）相處的過程中，他們基於文學愛好的友誼變成外遇，且持續了好幾年。分手後，他們仍會寫信給彼此，這些情感強烈的信件裡充滿了渴望、憤怒、背叛、愛情。

06

07

08

09

10

11

12

13

14

15

16

17

18

寫生地點：
75003檔案街
61號（61, rue
des Archives）

01
02
03
我的目光注視著巴黎的一幢幢公寓，不禁思索，那些建築裡，有誰正在經歷愛情呢？門後藏著什麼？是華美的樓梯，還是一座秘密花園？有沒有不可告人的愛戀？甚至是愛的結晶？還是正在創作中的傑作呢？

04
05
06
07
08
09
10
11
12
13
14
15
16
17
18

24 Wednesday Mercredi

01

02

03

04

05

06

07

08

09

10

11

12

13

14

15

16

17

18

"Was all this so wonderful because it was brief & stolen?"

（稍縱即逝，
偷偷摸摸，
難道這就是為何一切如此美妙？）

——摘取自亨利・米勒給阿內絲・尼恩的信件

01

02

Renoir's Birthday

03

04

小時候我在購物商場裡第一次看到雷諾
瓦的作品，他的畫作被印成複製品，在
走道中間的臨時小攤位上展售，旁邊擺
的是正在打折的書。我記得那時想著：
「這不是這些畫作該待的地方。」後
來，我到了巴黎，在奧賽美術館看到原
畫，我高興的說：「啊，這就對了，位
於塞納河畔，翻新過的火車站裡，彰顯
著印象派的美好。要觀賞雷諾瓦作品就
該在這裡。」

05

06

07

08

09

10

雷諾瓦一開始是在瓷器上繪畫，接著是
畫扇子，後來才在畫布上作畫。想像一
下用雷諾瓦的畫作搧風，多好啊。

11

12

「不參考原型而直接描繪樹上的葉子，
你只能靠想像畫個幾片，大自然卻可以
直接在同一棵樹上呈現出幾百萬種葉子
的樣貌。沒有哪兩片葉子是一模一樣
的，只靠著腦子裡的印象來作畫的藝術
家，很快就畫不出新意了。」

13

14

15

16

　　　　　　　　　　——雷諾瓦

17

18

奧賽美術館：75007勳章路1號（1, rue de la Légion d' Honneur）

01

Victor Hugo's Birthday

02
03
04
05
06
07

最近電視成天播放維克多・雨果的傑作《悲慘世界》，原來是為了慶祝雨果先生的生日，巧的是休・傑克曼主演的新版《悲慘世界》電影也上映了。《悲慘世界》的故事背景是1832年的六月暴動，很多人都會把它的背景跟法國大革命搞混，其實法國大革命在六月暴動之前的三十年左右就發生了。雨果本人在六月暴動時曾遇到雙方交火的狀況，也因此有了《悲慘世界》的故事靈感。要分辨革命與暴動的差別，就跟想要分別歷史上的兩個拿破崙一樣難。你沒看錯，歷史上的確有兩個拿破崙。奇怪的是，法

08
09
10
11

國大革命時人民獲得勝利，六月暴動的下場則是失敗，結果並不一樣。不過很多影迷在片頭字幕出現前都還沒搞清楚兩者的差異。

12
13
14
15
16
17
18

雨果出版《悲慘世界》小說後，發了一封只有一個字的電報給他的出版社詢問小說賣得如何，內容是：「？」，出版社也用了一個字回覆雨果：「！」

BOMBE D'AVION
30 JANVIER
1918

空中炸彈——法國大革命時並沒有這種東西。

01

Napoléon B vs. Napoléon III

02

03

04

05

06

大家似乎都對兩個拿破崙到底在巴黎做了什麼事似懂非懂，因為這兩個拿破崙不僅名字一樣，他們還有親戚關係，就算是當地人也會選擇跳過這個話題。是哪一位拿破崙當上了皇帝？身為建築大師的那位拿破崙又是誰？有後人為他建造雕像的又是哪一位拿破崙啊？他們之中哪一位參與了滑鐵盧之役？巴黎的橋上、建築上刻著字母「N」，那又是在紀念哪一位拿破崙呢？

07

08

09

10

11

12

13

14

15

16

寫生地點：75006波拿巴街42號（42, rue Bonaparte）

17

18

1 Tuesday Mardi   *Week 9*

01

Napoléon Bonaparte Cheat Sheet

02

03 　* 法國皇帝

04 　* 墳墓位在巴黎軍事博物館（Musée de l'Armée），是法國
　　　的國家及軍事博物館。
　　　地址：75007格勒奈爾大街129號（129, rue de Grenelle）

05 　* 橋上、建築上的字母「N」都是為了紀念這位拿破崙

06 　* 在滑鐵盧之役中吞敗

07 　* 擺姿勢時會把手插進背心裡

08 　* 並不是因為皮膚癢而把手伸進衣服，那是造型

09 　* 帶著奇怪的帽子（這也是造型）

10 　* 在歐洲各地可以看到的拿破崙像都
　　　是在紀念這傢伙

11 　* 侵略各地時帶回了各式各樣的藝
　　　術品，全都擺在羅浮宮裡

12 　* 住在杜樂麗宮，跟羅浮宮中
　　　間只相隔一個花園

13

14 　* 兩個拿破崙之中，他是大家
　　　認為比較了不起的那一個

15

16

17

18

45

01

Napoléon III *Cheat Sheet*

02

03

04

05

06

07

08

09

拿破崙三世曾住在羅浮宮裡，他是拿破崙一世的姪子兼教子，當選過法國總統。他最知名的成就是重新打造巴黎；他很有遠見的讓這座本來一片頹敗的中古城市搖身一變成為今日這種高雅的風貌。雖然有些人覺得他根本就搞得一塌糊塗，但如果你住過那種毫無宏觀城市規畫的地方，你絕對會欣賞拿破崙三世的見地。他就是那些奶油色、藍色公寓、橋梁、條條大道背後的大功臣，拿破崙三世重用奧斯曼男爵（Baron Haussmann）打造這些建築。這些新建的街道「剛好」足夠寬敞方便軍隊的調動，使想反抗的人民無法在這些大道上建築堡壘，不過倒是可以在大道上讓前線的成員來一場大遊行。巴黎全新的都市設計讓整個城市更加優雅，也讓政府更進一步控制城市秩序。

10

11

12

13

14

15

16

17

18

3 Thursday Jeudi

01

02

But the Best Part About Napoléon III...

03

04

他靠著農業現代化，將法國轉變成以出口為大宗的城市，使法國擺脫飢荒。靠著出口商品，法國漸漸興盛。下次你打開法國酒來喝的時候，記得想起他。

05

06

Pas mal，法文的「不錯」是這麼說的。

07

08

09

10

11

12

13

14

15

16

17

18

4 Friday Vendredi

01

三月的巴黎是赤裸裸的。

02

青草還沒發芽,草木也還沒茂盛。赤裸著的樹枝
展現了藏在那些花草翁鬱艷麗的月份之外的景
象,現在,我可以在周遭看到灰色調的各種色
階,大概有五十幾種吧。

03

04

05

06

07

08

09

10

11

12

13

14

15

16

17

18

7 Monday Lundi

01

02 灰色的天空，一方面跟巴黎建築的色彩色調一致——奶油白、純白、貝殼白，另一方面就讓人渴望春天早點到來。

03

04

05

06

07

08

09

10

11

12

13

14

15 「巴黎的春天一來，就算螻蟻都覺得身處天堂。真真切切。」

16 ——《北回歸線》，亨利·米勒

17

8 Tuesday Mardi   *Week 10*

01　當然囉！法國人的思緒可是很周延的。在我們為思念春天盛
開的花朵而心頭微微發痛時，花農推出了風信子球莖。我們

02　可以買下它，將它放在窗台邊，逼它們早點開花。它們就像
是獻給太陽神的供品，希望可以因此帶來溫暖的季節。慢慢

03　的，非常緩慢的，陽光會穿過雲層，將草木從冬季的沉睡中

04　喚醒。

05　今天有一段時間，陽光透了出來，大家紛紛找最近的位子坐
下，將臉朝向陽光照來的方向然後閉上雙眼，靜靜的微笑

06　著。這真是個壯麗的時刻。但大約一小時後，我們就又被陰

07　影籠罩了，繼續在沉沉鬱鬱的步伐下生活。

14　「這就是春熱病啊，我們是這麼叫它的。只要得了春熱病，
你就想…唉，你根本不知道自己到底想要什麼，但那種感覺

15　讓你的心都痛了，滿心的渴望！」

16　——《湯姆探案記》（*Tom Sawyer, Detective*），馬克吐溫*

17

18

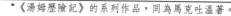
＊《湯姆歷險記》的系列作品，同為馬克吐溫著。

9 Wednesday Mercredi

01

Paris Is Ours

02

03　　陽光就像在巴黎的學生一樣，每年三月的假期非得聚集到阿爾
卑斯山區去不可。剩下的當地人則是默默的待在巴黎繼續過他
們的生活。三月這一週的巴黎，安靜、平淡、專屬於我們。

04

05

06

07

08

09

10

11

12

13

14

15

16

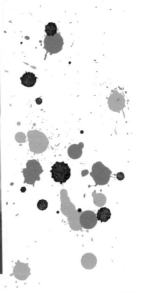

17

18

01

Stamps & Covered Galleries

02

全景廊街是一條頂部有玻璃覆蓋的商店街，它就像迷宮一

03

樣。但是它讓你可以在寒冷的天氣裡依然出門購物、用餐。

在這裡逛街真的就像尋寶一樣，到處都是古董書、手工烘焙

04

坊、時髦餐廳。你也可以在這裡找到一大堆郵票迷會愛逛的

店鋪。我整個下雨的午後都把時間花在這裡，盡情瀏覽各式

05

郵票收藏。離開時，我手裡已經多了一大盒漂亮的郵票

06

圖中店鋪地址：75002全景廊街55號（55, Passage des Panoramas）

11 Friday Vendredi

01 我找到整套從1970年代開始的首日
封（First Day covers）。這些首日

02 封會貼上當天首日發行的郵票，郵
票上有當天的郵戳，還有用以紀念

03 的人物、地點或是事件圖案。

04

05 光靠郵票就可以了解大部分的法國歷
史。例如，在普通的「瑪麗安娜郵票

06 （"Marianne" stamp）」上不是一個真實存在的人
物，她是法國大革命的自由象徵。「瑪麗安娜」這

07 個名字是來自當時最常見的女性名字：瑪麗、安娜。

08 用一名女性做為法國的
自由象徵，在視覺上直

09 接打破大家歷來對法國
專制君主制度的印象。

10 每任新總統都會選擇一
款新的郵票設計，最

11 新的一款郵票據說是
依照一名女性主義者

12 的形象設計。這名女性
主義者聽到這消息後，

13 高興的表示現在那些
討厭她的傢伙都得乖

14 乖在貼郵票時舔她
的「後面」了。

這女人真帥。

17

18

14 Monday Lundi

Week 11

* 全景廊街（Passage des Panoramas）：
  75002聖馬克路（rue Saint-Marc）

* 薇薇安按廊街（Galerie Vivienne）：
  75002小場街4號（4, rue des Petits-Champs）

* 茹弗魯瓦廊街（Passage Jouffroy）：
  75009巴特梨耶田莊路9號（9, rue de la Grange-Batelière）

* 巨鹿廊街（Passage du Grand Cerf）：
  75001聖但尼路145號（145, rue Saint-Denis）

15 Tuesday Mardi *Week 11*

01

法國人熱愛紙製品，他們很愛保留收到的明信片，收集郵票，整理報告，影印文件，有很多人將他們整個職業生涯都花在把紙張搬來搬去這件事上。多年後，這些紙製品會出現在跳蚤市場上，然後會有其他熱愛紙製品的法國人將它們買下，成為收藏品的一部份。有些居家裝飾節目甚至會特別介紹放在巨大書架上的紙夾，讓大家可以簡便收納他們收藏的紙製品。這或許是一種對紙的集體熱愛，也可能是一種集體強迫症，我不太確定到底是哪一種。

02

03

04

05

06

07

08

09

10

11

12

13

14

15

16

17

18

01
02
03
04
05
06
07
08
09
10
11
12
13
14
15
16
17
18

Le Parapluie

每年一到這個時候，我就會想起雨傘的存在；你可能會在豪華的老佛爺百貨公司（Galeries Lafayette）看上一件適合春天的新外套，卻發覺你的舊雨傘跟它不搭。今天我跑去一間從1897年開業至今的雨傘專賣店──西蒙雨傘，店內有插著精緻陽傘的花瓶，也有放滿折疊傘的貨架，店內有許多女人正在測試開收傘的按鈕。在巴黎，雨傘可是跟你的錢包一樣重要，花上大把鈔票換一把開收都順暢的雨傘絕對值回票價，否則你可能會在風雲變色時還得跟你手上那把打不開的傘奮鬥。而且巴黎的雨下得很頻繁，頻繁到你會痛罵那個當初不願意多花點錢買把好傘的自己。相信你也會想要擁有一把有著高科技傘骨的雨傘，以免被突如其來的強風吹壞，害你的傘被吹到開花，看起來就像斷腿的蜘蛛一樣。

西蒙雨傘（Parapluies Simon）
75006聖米歇爾大道56號（56, boulevard Saint-Michel）

17 Thursday Jeudi

01
02
可以記錄法國的聖派翠克節跟愛爾蘭的聖派翠克節剛好同一天真令我開心，這種情況可不是年年發生。不過這也讓人對我這個很注意命名日的外國人感到困惑。

03
04
05
今天布滿天空的灰色雲朵終於散開了。在法國，他們沒有「春雨（April Showers）」的說法，不過它們倒是有 *"les giboulées de mars"*，直接翻譯就是「三月大雨」。

18 Friday Vendredi

01

Macaron Day

02

03

大約在三月的第三個禮拜，法國人就會為他們漂亮的法式小圓餅舉辦馬卡龍日。參加活動的馬卡龍店家會捐出他們當天的營業額給慈善機構，所以在馬卡龍日當天特別能感受到付出、給予的氣氛。

04

05

「馬卡龍雖然小巧，卻能激起我們的感官感受；在吃馬卡龍之前，先用眼睛品嚐，再用指尖輕輕拂過表面，同時聞到馬卡龍的柔和香味。當它精巧的外殼裂開時，耳聽到的是那令人興奮的清脆聲響，最後才是用你的唇舌，體驗馬卡龍的精緻優雅…」

06

07

——Pierre Hermé，知名主廚亦為馬卡龍日發起人

08

0

10

11

12

13

14

15

16

17

18

01
02
03
04
05
06
07
08
09
10
11
12
13
14
15
16
17
18

Le Macaron

馬卡龍有兩片餅乾外殼，靠中間令人墮落的美味餡料黏合在一起。我第一次吃這種小點心是在Ladurée，走進店裡舉目所見就是一大堆像彩虹一樣完美排列的馬卡龍。客人喊出他們要買的口味：「香草、巧克力、開心果…」店員則動作熟練的把一個個馬卡龍放進漂亮、粉彩色的盒子裡。輪到我選擇口味時，我突然慌了，靠著手指，我邊指邊點能唸出來的口味名稱：「咖啡、香草、香水檸檬…」很快的，我就帶著裝滿美味點心、珠寶盒般的馬卡龍紙盒回到街道上。我原本只打算吃一兩個馬卡龍就好，因為這是一種用來慢慢品嚐的點心，不是餵飽肚子的，沒想到我一個人一下子就吃掉一整盒。馬卡龍很貴，所以我搜尋了作法，試著自己製作。馬卡龍的配方、時間掌握都很精細，甚至連製作時的天氣都有一定的要求；因為溼氣會讓馬卡龍的外殼裂開，而裂開的馬卡龍是不合格的。美麗的外表是這種精緻小點心的必備條件。這種甜點不只是食物，它還是一種藝術品。最後是它的內餡，不管奶油霜、甘納許，還是水果餡料，必須確保它濃稠到可以讓兩片餅乾外殼結合在一起，同時又得柔軟滑順到可以直接在口中融化。我的媽呀！知道這些製作馬卡龍的精細技巧後，我決定把這件事交給專業人士去做。我還是一次買一顆，不，一次買三顆就好。

22 Tuesday Mardi

01

02

03

04

05

06

07

08

09

10

11

12

13　尼古拉・弗拉梅爾（Nicolas Flamel）在公元1418年的今天過

14　世。他是個作家，同時也是煉金術士，他相信自己找到了提
　　煉黃金的方法。傳說中他發現了賢者之石，而擁有這個神奇

15　石頭的人就能夠長生不老；不過，顯然這件事並沒有成真，
　　鐵證就是他在1418年的今天去世。尼古拉・弗拉梅爾和他

16　的賢者之石在J.K.羅琳的哈利波特系列中有現身。他也同時

17　在丹・布朗的《達文西密碼》書中，以錫安會總導師的身分
　　出現。

18

01

02

03

04

05

06

07

08

09

10

11

12

13　談到達文西，在《達文西密碼》的故事中，阿拉戈（Arago）

玫瑰線（Rose Line）指引著抹大拉的遺跡所在。實際上阿拉

14　戈玫瑰線的作用是在標示巴黎的子午線，巴黎子午線與格林

威治子午線像兩條宿敵似的一直在一爭高下。從巴黎最北端

15　到最南端，這種上面寫著Arago的小銅牌共有135個。我腳下

的這個是在聖敘爾比斯教堂外找到的，這個教堂也是《達文

16　西密碼》裡的重要場景。這一切難道都是巧合？

17

18

March Mars

24 Thursday Jeudi

Week 12

走進聖敘爾比斯教堂，你會發現地上有一條很特別的線。這條線在《達文西密碼》裡可是一條重要的線索，指引出聖杯的所在。但其實它只是一條浮誇的日晷而已，功能是讓神父們判斷春分、秋分的時間，然後再確定復活節的日子。在一年中有某幾天的中午，會有一道光照進窗戶，剛好與這條黃銅線重疊。

12

13

14

15

16

跟《達文戲密碼》內容敘述與現實不同的是，這條線並沒有標示出神廟的遺跡，也從未被稱為「玫瑰線」，甚至也沒有剛好與從正中穿過巴黎的子午線重疊。我發現很多人會把這條線跟阿拉戈小銅俾搞混，還把虛構的故事情節跟實際情況混在一起。教堂裡兩扇互相正對的窗戶上各有P跟S兩個字母，它們代表的是聖徒Peter和聖徒Sulpice，根本不是代表錫安會（Priory of Sion）。可以看得出來，教堂成員對成群影迷蜂擁而至徹底的感到不耐。

17　　這整件事真是瀰漫著陰謀的氣息。

18

聖敘爾比斯教堂（Saint-Sulpice）
75006帕拉丁路2號（2, rue Palatine）

01

02

03

04

05

06

07

講到玫瑰線就讓我想起巴黎聖母院的玫瑰窗。巴黎聖母院（Notre Dame）是以耶穌的母親——瑪麗亞命名，有一天她接到天使加百列報佳音，說她將會懷上一個孩子，而這孩子是救世主，還會帶領全人類迎向永生。這有點像我們剛剛提到的尼古拉‧弗拉梅爾，還有他那可以帶來長生不老的賢者之石，並沒有成真。我也想到了哈利波特，那個命中注定要拯救我們遠離邪惡的男孩。

08

09

10

11

12

13

14

15

16

17

18

28 Monday Lundi

01

02

03

04

05

06

07

08

09

10

12

13

14

15

16

17

18

巴黎聖母院有超過850年的歷史。幾年前，巴黎市以強力水柱沖洗她的外牆，才把幾百年來的汙垢清除。巴黎聖母院大概是我們這個時代裡最具代表性的哥德式建築傑作，畢竟如果你沒有什麼聖人的手指或一小瓶鮮血之類的遺跡，根本就不值得朝聖者花時間造訪，幸好巴黎聖母院裡有著最終極的聖人遺跡——耶穌的荊棘冠。在聖週五那天開放時你可以體驗戴上荊棘冠的感覺，我是說，類似戴上的感覺。荊棘冠會放在一個小墊子上，你可以彎下身來，模擬戴上它的樣子，每個人都可以免費體驗。荊棘冠開放參觀的時間當然不只聖周五這一天，不過在這天來參觀體驗特別有感覺。傳說中，教堂的鐘會長出小翅膀，飛向羅馬接受教宗的復活節祝福。等到復活節那個星期天，這些鐘會飛回來，在整個法國為孩子們灑下巧克力。

復活節快樂！

（Bonnes Pâques!）

64

29 Tuesday Mardi

01

當我爬上巴黎聖母院的樓梯時，情不自禁的會想像幾個世紀

以來，無數教士爬著一樣的樓梯去敲響鐘聲的情景。爬上頂

02

端的獎勵就是可以超近距離的看到石像鬼（gargoyles），這

些石像靜靜坐著，彷彿一邊沉思一邊看著底下廣場上的喧

03

鬧。石像鬼看起來也像綠野仙蹤裡長了翅膀的猴子。有些人

相信這些石像鬼的任務是防止邪靈入侵並守護它們所屬的地

04

方，其實這些石像鬼真正的功用是建築的滴水嘴，它們讓雨

水從屋頂排下，才不會沿著建築往下滴，侵蝕石材。

05

06

07

08

09

10

11

12

13

14

現在我認識這些神秘的怪獸了，沒有任何證據可以證明它們

曾存活於世，可是這些面目猙獰的怪獸看起來如此活靈活

15

現，而且又位於教堂高處，雖然遙不可及，不免讓人思考它

們到底是不是真正存在的生物。也許它們是大腳野人的寵

16

物，真正的任務其實是保護全身毛茸茸的大腳野人不被任何

人發現。

17

18

30 Wednesday Mercredi   *Week 13*

01　即便是巴黎聖母院牆上的塗鴉看起來都有一股藝術氣息。

02
03
04
05
06
07
08
09
10
11
12
13
14
15
16
17
18

01
02
03
04
05
06
07
08
09
10
11
12
13
14
15
16
17
18

Notre Dame
Fast Facts:

* 只有名為艾曼紐（Emmanuel）的鐘本來就屬於巴黎聖母院。在維克多・雨果的著名小說裡，鐘樓怪人就是在這座鐘樓上盪來盪去。比較新的那些鐘，是在巴黎聖母院850歲生日時來到聖母院跟艾曼紐合音的。

* 當初本來有打算要拆除巴黎聖母院，但維克多・雨果提出請願，成功阻止聖母院被拆除。

* 許多人都將巴黎聖母院推崇為哥德式建築的最佳實例。

* 巴黎聖母院的門口是「巴黎零點」，整座巴黎就是由這個點以放射狀擴散出去。

* 玫瑰窗的樣式在巴黎各處都可以看到，包括下水道排水孔都有這個圖案。

1 Friday Vendredi

01

02

03

在我一邊漫遊城市一邊欣賞玫瑰窗時，我外套上的三個圓鈕扣掉了，所以我得去一趟縫紉用品店買新扣子，服飾用品店在英文裡叫做haberdashery，而法文則是mercerie，這個字是少數用英文唸起來比用法文唸起來好聽的字。光是唸出來就叫人開心。

04

05

06

靠近紅磨坊轉角有最好的縫紉用品店。在這種縫紉用品店裡，你可以找到任何你需要的鎖扣、鈕扣、緞帶、拉鍊，用來縫縫補補，激起你心中的香奈兒魂。

07

08

09

而且這家店裡有著世界上最美的針線盒，可以花上你不少時間仔細欣賞。這些絕美的縫紉用品，再加上一盒又一盒的鈕扣，銀的、金的、陶瓷製的、貝殼扣，還有各種顏色的塑膠扣，豐富多樣的服飾用品足以應付任何衣著上出錯的緊急狀況。

10

11

12

13

14

15

16

17

18

4 Monday Lundi

01 香奈兒女士說過：「穿著破舊，人們只會記得那件衣服；穿
著無懈可擊，人們則會記住衣裳裡的那個女人。」一件丟了

02 三個扣子的外套看起來可真夠破舊了。

03 我找到三顆跟我的外套完全不搭的華麗鈕扣，老實說我沒
有哪一件衣服是跟這三顆扣子搭得起來的，不過我打算先

04 買下這三顆扣子，然後再找到適合搭配它們的大衣。或者
我也可以買下這些扣子，然後把它們跟美麗的原包裝一起裱

05 框起來。

06

最後我找到一組十八顆的骨董珠寶來把整件外套上的扣子都

07 換掉，當天傍晚我邊聽科爾·波特（Cole Porter）的音樂，
邊把扣子縫好。這些讓我覺得自己像個時尚界名流，我大概

08 該幫自己把每件外套的扣子都換掉了。

09

(5) Tuesday Mardi   *Week 14*

01

Coco Chanel

02

03
經過康朋街上的香奈兒總店時，我常常聽到有人說：「我愛香奈兒。」我滿好奇香奈兒本人對於這些澎湃的愛會有什麼感覺。當然了，她是世上最知名品牌之一背後的靈魂人物，她絕對值得這些愛慕。據說香奈兒讓女人從束腹胸罩中解放出來，關於這點我很感謝她，如果你曾試過把自己塞進塑身衣裡，你絕對了解我的感受。香奈兒總店裡的店員說，她曾感應到香奈兒的靈魂在店裡，不過通常都是在店門關後的靜謐時刻她才會出現。如果我是香奈兒的靈魂，我的確除了這兒，哪也不會想去。

04

05

06

07

08

香奈兒女士還打造了世界上最
知名的香水──香奈兒5號。
她說她會幫這款香水取這個名
字是因為這是她試過的第五種
香氣，她很愛這種香味。從
此之後，5這個數字就成了香
奈兒女士的幸運數字。所以
只要一走進香奈兒在康朋街的
總店，映入眼簾的就是一款
香奈兒女士特別訂製的金屬製
吊燈，上面有著她最知名
的#5印記。

09

10

11

12

13

14

15

16

17

18

香奈兒康朋街總店：75001康朋街31號（31, rue Cambon）

6   Wednesday Mercredi   *Week 14*

01   不過，有了草木盛放的香氣在空氣中飄散，誰還需要香水？

02

03

04

05

06

07

08

09

10

11

12

13

14

15

16

17

18

01

02

03

04

05

直到春天帶來植物的盎然生機，你才會真心體會巴黎樹藝師們的天才。大道上盛開的花朵蔓延了好幾哩，還有彷彿被花瓣框飾起來的紀念碑。

06

07

08

09

10

這時你才懂為什麼園丁們要在公園豎起禁止踩踏草皮的警語，他們知道水仙花和鬱金香都需要時間和空間才能長大，甚至連草皮也時不時的需要一點休息。

11

12

13

14

「春光明媚，樹上又重新長滿了葉子，就像電影裡的事物生長得那麼快速，我又有了那種熟悉的感覺，覺得生命重新開始了…」

15

16

—— 《大亨小傳》，
F. S. 費茲傑羅

17

18

8 Friday Vendredi

01

Julia Child

02 最近市場上開始販售蘿蔔、白蘆筍和草莓。伴著溫暖的氣
溫，四月時節，我們總會在市場逗留得久一點。此時的我們
03 再也不必站在攤販前急促的一邊發抖一邊選購必須的食材。
我們四處探尋，就像急速生長的草木伸出枝椏，想試作所有
04 激發我們好奇心的神祕菜餚。

05
在春季的市場裡逗留，可以喚醒你心中的茉莉亞・柴爾德。
06 今天我蹦蹦跳跳的走下旋轉樓梯，打算依循她的腳步，尋
訪巴黎的古老街道。1950年茉莉亞・柴爾德在巴黎寫出她
07 的烹飪必備書──《掌握法國烹飪藝術》（*Mastering the
Art of French Cooking*）。當時就已開業經營的店家很多
08 時至今日仍在營業，甚至還是由同一家人經營著。這就是巴
黎，在這裡家族事業可以長長久久。
09

10

11 Monday Lundi

01　巴黎有許多很像茱莉亞的人。

02　我買了她的食譜後，開始想像自

03　己馬上就能變出一道道令人食指
　　大動的料理給克里斯多夫吃，但

04　實情根本不是這樣！我得像讀小
　　說一樣先仔細花一個禮拜讀過整

05　本書，然後在我研究銅鍋跟鐵鍋

06　不同的優點時，只能送我的愛人
　　出門買墨西哥菜外帶（雖然丟臉

07　但我認了）。

08　接著我得買一些烹飪器具。
　　當我知道茱莉亞喜歡的廚具

09　專門店——「E・德依勒亨
　　（E. Dehillerin）」還開著，一

10　點都不意外。我一走進去，就

11　站在掛了整面牆的鍋鏟前面不
　　斷思考，它們到底是要拿來幹

12　嘛的。我猜茱莉亞走進這家店

13　時，也應該是這麼想的吧。廚
　　具實在有太多太多種了，而每

14　一種廚具都是一把打開法式料
　　理祕密的鑰匙。

15

16　當時茱莉亞跟她的丈夫保羅還
　　在蜜月期，她們才剛結婚沒幾

17　年，所以有那個耐心等茱莉亞
　　把大餐煮好。

18

E・德依勒亨：18, rue Coquillière, 75001

12 Tuesday Mardi

Week 15

01

02

03

04

05

當我努力研究茱莉亞的食譜時，克里斯多夫意識到他得等上很長一段時間，才能享受到我做的（茱莉亞的）紅酒燉牛肉（boeuf bourguignon）和嫩雞胸佐蘑菇醬（suprêmes de volaille aux champignons）。在我研究食譜、攪拌、燉煮食物時，他就會坐在旁邊用吉他彈情歌。在書中，保羅也會坐在廚房裡，不過他是在旁邊寫信。茱莉亞跟保羅活到都九十幾歲，應該歸功於那些奶油和牛油。我也打算對克里斯多夫比照辦理，一次煮一道美味佳餚給他吃。

06

07

08

09

10

11

奶油似乎真的是提升整道菜餚風味的關鍵；法國的奶油會用來自海岸邊的鹽調味。Sauniers是法文的「製鹽師」，他們總是細心的耙過每一顆鹽粒；每天早上，製鹽師會將灰鹽（gros sel marin gris）收集起來，而灰鹽的顏色就來自泥土裡的養分。等到下午，蒸散作用讓鹽池裡細小的鹽粒慢慢浮上水面。到了傍晚，這些浮上水面的鹽分就會在上面形成薄薄一層鹽花，這就是鹽之花。這種鹽是以精細的手法和特殊的耙收集而成，經包裝後會賣給附近的商店、廚師或是奶油製造商。

13 Wednesday Mercredi

01

Typique Market Day

02

03

市集裡人潮聚集，陣陣耳語。有人試吃嚐味道，有人仔細思
考，有人認真決定。打包、下貨、展示、切、混、燉；最
後，大快朵頤。

04

05

06

07

08

09

10

11

12

13

14

15

16

17

18

14 Thursday Jeudi

01

Non-typique Market Day

02 基本上巴黎有四種市集：

03 * 一般雜貨店：裡面會賣一些像芥末、米之類的東西。

04 * 路邊市場：每周二到周五都會營業的戶外市場，例如：穆浮
達街（rue Mouffetard）、蒙托格伊街（rue Montorgueil）

05 和克雷爾街（rue Cler）。

06 * 露天市集：這種市集跟農夫市集很像，不過這種露天市集的
攤販大多不是農夫，但是他們很懂自己販賣的產品，也都非

07 常專業。

08 * 手工職人市集：這些市集常會在巴黎各處突然出現，
在這些市集你可以直接跟產品的製作者購買產品。我

09 在這種市集裡遇見了全世界最可愛的起司販，當我問
他能不能為他的起司拍張照片時，他可是驕傲極了。

11

12

13

14

15

16

17

18

15 Friday Vendredi

01

02

03

04

05

這位起司店老闆真是個藝術家。有些起司上充滿皺褶，有些則是平滑得像麵團一樣，相同的是，它們都看起來相當美味。結果我幾乎每種都買了一個，加起來大概比我一輩子可以吃完的起司還要多吧。以他的話來說，其中一種「還很生」，他堅持我得把那款起司存放在室溫下的櫥櫃而不要放進冰箱，好讓起司軟化。我剛開始很懷疑他的說法，但過了幾天後，那款起司真的變成了濃稠軟黏的人間美味。

06

07

08

09

10

11

12

13

14

15

16

17

18

01
Market Shtick

02 在市集日，有例行的生活習慣是件好事。跟著日常習慣的順
03 序來生活，可以讓我們看出因季節而發生的變化，市集上人
們也會因季節變化而擺出不同的產品。克里斯多夫跟我有
04 共同的市集日例行習慣，他會在前往他工作的肉舖烤全雞之
前留下買花的錢給我，然後我買完花後，會經過他工作的肉
05 舖，大聲跟他說：「謝謝你的花，親愛的。（Merci pour les
06 fleurs mon amour.）」

07 在肉舖排隊的老
太太們都會一邊
08 嘆息一邊微笑，
她們的克里斯多
09 夫找到人生摯愛
10 了，這就是她
們全心所願。她
11 們就像慈愛的家
長，一心希望這
12 孩子得到幸福；
13 其中一個太太還
說克里斯多夫比
14 她那不知感恩的
小孩好太多了。
15 每個禮拜這樣的
例行生活不斷重
16 複，不同的老太
太，相同的嘆息
17
和微笑。
18

店舖地址：75005穆浮塔街19號
（119, rue Mouffetard）

79

19 Tuesday Mardi

01

02

03

04

你得排長長的隊，有些人會把傳單直接塞到你面前。你還得在買菜時說出一口流利的法文，如果你不說法文，可能就會用相同價格買到比較少的蔬菜。他們聽得懂我在說什麼嗎？我聽得懂他們說的法文嗎？我會不會整個禮拜都得吃今天買到的乾巴巴的蔬菜？

05

我的朋友艾爾莎會去她最愛的花市買她的每週一束花，艾爾莎會扶著她肚子上的肉，承認她那看起來總像有四個月身孕的身材其實很有好處，坐地鐵時會有陌生人讓座給她，這時她總是會邊坐下邊帶著滿滿的愛意撫摸肚皮。

06

07

08

01

一般來說，如果你用法文跟店家買東西，老闆通常會聽出你

02

的口音，所以會照著劇本走，讓你順利對話完畢。只要在對話時帶著微笑，而且大聲的說出：「Bonjour Monsieur.（你

03

好。）」或「Bonjour Madame.（妳好）」，整段對話就會保持在真誠、有效率而且友好的狀態。

04

05

不過時間久了，常去的店家的老闆有可能會想要更進一步加深他跟你的友好關係，於是便會脫稿演出；這就是這天艾爾莎發

06

生的事。她完全聽不懂花店老闆在說什麼，但她不管三七二十一還是有禮的點頭，結果得到了熱情的回應和免費的花。

07

08

一頭霧水的艾爾莎在回家路上回想整件

09

事，終於想通了，原來花店老闆以為她懷

10

孕了，而艾爾莎當時也點了頭。太糟了，

11

她現在只有兩個選擇，一是找一家新的

12

花店買花，二是真的弄個孩子出來。

13

14

太爆笑了！

15

16

17

18

21 Thursday Jeudi

01
02

一棵一棵的猛掙開出花朵，為夏天的來臨鋪墊粉紅色的花毯。
真美，真棒。（C'est belle. C'est parfait.）

03
04
05
06
07
08
09
10
11
12
13
14
15
16
17
18

22 Friday Vendredi

01

02

03

大家又都跑到公園來了。各式各樣的顏色妝點著這個城市；一個顏色消失，另一個顏色就冒出來。讓你好想跟法蘭索瓦‧布雪（François Boucher）一樣揮灑色彩，他以描繪田園風景裡的性感女人著名。

04

25 Monday Lundi

01

02
還有另一位畫家常畫田園風光裡的女人——莫內。當他不在吉維尼（距離巴黎只要一段短短的火車路程）的花園裡畫睡蓮時，就在畫穿著漂亮衣裙的女士。莫內曾說過他的畫風受

03
到歐仁・德拉克羅瓦（Eugène Delacroix）影響，他也承認自己常常偷看德拉克羅瓦的工作室，好看清楚他畫中的光影。

04

05

06

07

08

09

10

11

12

13

14

15

16

17

18

01

Eugène Delacroix's Birthday

02

03 德拉克羅瓦的《自由引導人民》畫

04 作裡那位女性，大概是這類畫作裡
的女士中最知名的一位了。這幅畫在

05 羅浮宮裡展出，在那裡，像我這樣的
藝術家可以臨摹德拉克羅瓦這位大畫家的

06 畫。這幅畫描繪的是1830年的法國七月
革命，目的是要推翻法王查理十世。畫中

07 的女性是法國的自由精神領袖———瑪麗安

08 娜，她的畫像也一直出現在法國郵票上。

09

10

11

12

13 畫中那位手握
兩支手槍的男

14 孩被認為是維克
多・雨果的《悲

15 慘世界》裡的角
色———加夫洛許

16 （Gavroche）的

17 靈感來源。

18

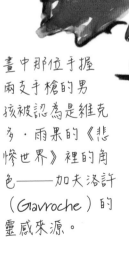

85

01

02
當初法國政府雖然買下了《自由引導人民》這幅畫，卻覺得這幅畫所傳達的自由概念太強烈，所以把畫收藏起來沒有展出。

03

04
拿破崙三世獲選為總統後，便把這幅畫放到羅浮宮展示，才讓像我這樣的畫家可以好好欣賞。

05

06
德拉克羅瓦的畫作也影響了幾位法國郵票設計師的風格。

07

08

09

10

11

12
竇加也很崇拜德拉克羅瓦，他收集了將近250幅德拉克羅瓦的畫作。

13

14

15

16

17

18

28 Thursday Jeudi

01

02　四月分是美國的國際卡片書信月，目的是要推廣手寫信的習慣。不過法國人倒是根本不需要這樣的推廣活動，他們超愛寫信。他們也愛文具、信封、郵票。事實上，他們還為了小小的郵票設立了一個紀念日呢。

03

04

05

07

08

09

10

11

12

13

14

15

16

17

18

29 Friday Vendredi

01

Stamp Day

02

郵票是最小型也最常見的藝
術作品了，雖然規模有所侷
限，卻很迷人。

03

04

傳統慣例上，郵票日當天會
有一款跟郵務歷史有關的特
別款郵票發行，以慶祝並彰
顯郵票這門藝術。

05

06

07

每年郵局也會為紅十字會
（La Croix Rouge）打造一款
郵票，把所得款項捐給慈善
機構以資助人道救援活動。

08

09

10

11

12

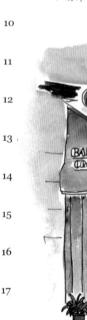

13

14

15

16

17

18

2 Monday Lundi

01

May Day: La Fête du Travail

02

03

04

05

五月一日是法國勞動節，當天大家一起慶祝並支持勞工權益，奇怪的是，大家卻在遊行跟罷工時抱怨他們的工作。那天的遊行跟罷工會多到讓你沒辦法去上班，就跟假日一樣。而且每一個想賺錢的人，我是說每一個喔，都會出門賣鈴蘭花。一走出家門，我就看到他們成排的站在路邊，大概每走十步就會聽到一個賣花人叫你跟他買花而不要買別人的。

06

07

08

09

10

11

12

13

14

15

16

17

18

3 Tuesday Mardi

01

勞動節那天人們可以在沒有許可的情況下販售商品，一年一
度，很多人也在那天當起小販來。

02

03

04

05

06

07

08

09

10

11

12

13

14

15

16

17

18

4 Wednesday Mercredi   *Week 18*

01 我總是跟同一個羅姆*女孩買勞動節花束。她總是問我有沒有
要生小孩，她外表看起來大約十七歲左右，應該已經有自己
02 的孩子了，不過我沒問她，我只是把錢給她，學著接受不同
的文化。

03

我眼中的巴黎，跟她所看到的巴黎相當不同，我去各式各樣
04 的店家，品嚐起司，在咖啡店裡喝酒。她一輩子也不會坐在
任何一家咖啡店裡，她一直都處於巴黎人的生活之外。
05

不久後，她住的那個簡陋小村落會消失，她，我的賣花女也
06 會離開。在巴黎常常有這種萍水相逢的人際關係，來來去
07 去、聚散不定。

08
09
10
11
12
13
14
15
16
17

18

*即為「吉普賽人」

5 Thursday Jeudi *Week 18*

01
Faire le Pont

02 很諷刺的，法國的勞動節現在似乎變成了放長假的同義詞。

03 每年這個時候，常會聽到大家說：「faire le pont.」，這句話翻譯起來就是「搭橋」；意思是把不同假日跟假

04 日連起來，搭起一座長假的橋。因為法國的五月有四個國定假日，然後每周三又都不用上課，這個時候你就

05 可以拿起日曆盤算，怎麼聰明的請假讓自己有個長長的

06 週末。舉例來說，如果國定假日在禮拜五，你可以請禮拜四的假，這樣你跟孩子就可以從禮拜三一路放到禮拜

07 日，出城去玩。或者是再多請禮拜一、二的假，這樣只要花三天的請假額度就可以一次玩八天了，神奇吧！

08

09

6 Friday Vendredi

01

Robespierre's Birthday

02 這天剛好也是聖普登斯日（St. Prudence Day），Prudence
的意思是謹慎。如果羅伯斯比謹慎一點，不要砍這麼多人的
03 頭，或許他也能夠救自己一命。他是恐怖統治時期的重要人
04 物，恐怖統治是法國大革命後的一段時期，當時有大約四千
人被指控為「革命的敵人」而被送上斷頭台。

05

最後被送上斷頭台的是一群拒絕放棄宗教誓言的修女，我不
06 太確定為什麼這些人會跟「革命的敵人」扯在一起，總之當
時這件事引起群情譁然。這些修女走上刑場時仍高聲吟唱聖
07 歌，這個情景對當時的群眾氛圍造成了很大的影響，恐怖統
08 治也因此結束。

09

10 我的理髮師莎薇多年來都在他自己
的房間裡幫客人剪頭髮，地點剛好
就在聖奧諾雷街400號（400, rue
11 Saint-Honoré），那裡曾是羅伯斯
比居住的地方。我知道的時候嚇
12 了一大跳，不過莎薇只聳了聳
肩，然後告訴我巴黎人早就習
13 慣跟古老鬼魂住在同一個屋
簷下了。
14

17

18

01

02

03

04

05

06

07

08

09

10

11

12

13

14

15

16

莎薇後來搬到了另一個工作室，那裡聽說沒有像羅伯斯比這
樣滿手沾著鮮血的殺人兇手住過。

17

18

Sylvie Coudray Atelier, 6, rue d'Antin 75002

01

Le Foulard

02

第一個充滿陽光的日子來臨時，我們會把溫暖厚重的圍巾換

03

成薄薄的絲綢圍巾。我們也會把靴子收起來，拿出芭蕾舞鞋

式的平底鞋，撢撢灰塵。最棒的是，咖啡店 終於把四周

04

的落地玻璃窗收起，讓陽光

跟微風灑進來。法國

05

人對於挑選時機把

落地玻璃窗收起

06

來相當敏銳，

當他們這麼做

07

時，你就知

道春天真的

08

到了。

09

10

11

12

13

14

15

16

17

18

11 Wednesday Mercredi   *Week 19*

01

如果四月的代表色是粉紅色，那五月大概就是亮綠色的季節
了吧。這些色彩有些來自大自然…有些不是。

02

03

04

05

06

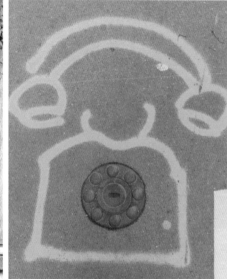

07

08

09

10

11

12

13

14

15

16

17

18

01 看來我不是唯一一個崇尚亮綠色五月的人。

02

03

04

05

06

07

08

09

10

11

12

13

14

15

16

17

18

13 Friday Vendredi

Space Invader

01

02 巴黎的街頭藝術家都很聰明，有個匿名的街頭藝術家——Space Invader，用小磁磚跟黏膠在大街小巷裡拼貼出小小的太空侵

03 略者（space invaders）人偶。偶然看到這些馬賽克拼貼藝術，就像找到藏起來的寶藏一樣。我不禁思考他到底是怎麼貼出這

04 些街頭藝術的？直到有天我一大清早走出門時，看到有個男人

05 騎著摩托車飛快經過，背上綁著一架梯子，那該不會就是他？

06

07

08

09

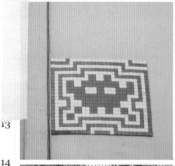  

13

14

15

16

17

18

16 Monday Lundi

01

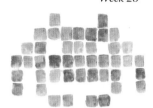

02　只要深入思考太空侵略者的藝術概念，你就
　　會了解其精妙之處。

03

　　好的作品會讓觀賞者不由自主產生互動，太空侵
04　略者跟他的小小太空侵略者就像在邀請我們跟他進行一場遊
　　戲。他也會認真考慮要在哪裡拼貼這些小外星人，例如皮加
05　勒（Pigalle）正是巴黎的音樂區。

06

07

08

09

10

11

12

13

14

15

16

17

18

17 Tuesday Mardi

01
02
03
我有個朋友來到巴黎後，覺得這些小小太空侵略者的街頭藝術只不過是有著悲慘童年的小屁孩搞出來的垃圾塗鴉。我完全不認同。對我來說，太空侵略者創造的是藝術作品，他把整個巴黎城市當作他的畫布。

04
05
06
翻修完廚房後，我剩下一堆多餘的磁磚。我常常看著這些小方塊思考可以拿它們來做什麼，多年後我終於親眼見到有人解決了這個問題…不過我很慶幸我不是他，我可不想半夜偷偷在巴黎潛行，還綁個梯子在摩托車上。

07
現在巴黎到處都可以看到這些小外星人，下圖中的這個則是在奧賽美術館外面。

08
09
10
11
12
13
14
15
16
17
18

奧賽美術館 (Musée d'Orsay)
1, rue de la Légion d'Honneur, 75007

18 Wednesday Mercredi   *Week 20*

01

Jef Aerosol

02

03 太空侵略者不是巴黎唯一一個塗鴉畫家。傑

夫・艾羅索以其塗鴉作品中的黑白模版印刷

04 圖案及有趣的紅色箭頭聞名。

05

06

07

17

18

19 Thursday Jeudi

01

Nemo

02

Nemo 用活潑的氣球、雨傘及穿著紅襪子的男人的圖案為平淡無奇的牆面增添趣味。

03

04

05

06

07

08

09

10

11

12

13

14

15

16

17

18

01

02

03

模版塗鴉的靈感由來顯而易見。服務生總是穿著黑色和白色的服裝，侍候飢腸轆轆的客人，每年這段時間我都會拋棄我喜歡的那些咖啡店，轉移陣地到位置正對千間陽光的店家去。我把外套掛在椅子的後背，坐在小小的圓桌邊，準備觀賞主角——服務生的到來。

04

05

06

看著服務生的動作就像在觀賞芭蕾舞者舞動身體，他突然彎身擦拭桌面，帶著放滿飲料的托盤轉身，優雅的打開瓶子，對客人介紹今日特餐，推薦搭配的酒水，同時還能找出空檔溜出店外靠在附近的牆邊曬太陽偷閒。他行雲流水的所有一舉一動都像藝術。

07

08

09

10

11

12

13

14

15

16

17

18

23 Monday Lundi

01

TournBride

02

03

04

05

06

07

08

巴黎最棒的服務生就是 *TournBride* 咖啡館的傑傑（Didier）。他個性友善、風趣而且超有效率。再加上他的外表就像你腦海中的法國服務生模樣，但是沒有那種「跩」勁兒。在巴黎，服務生這行是一種真正的專業，他們得去專門的學校學習，且收入豐厚，社會也普遍認為他們是一種專業人士。不過我在乎的其實只是每次坐下準備吃午餐時，都可以跟傑傑談笑幾句。我朋友梅蘭妮有次問我：「你是想跑個大老遠，吃又貴、口味卻不怎麼樣的食物，還是想避免這一切直接去 *TournBride*？今天晚上傑傑有上班。」想都不用想，麻煩去 *TournBride*，謝謝（merci）。

09

10

11

12

13

14

15

16

17

18

104, rue Mouffetard, 75005

01

02

03

04

05

巴黎的天氣總是陰陰的，所以只要一出現陽光，大家就會蜂擁到露天咖啡座去坐坐。巴黎人很擅長「坐坐」。他們不點外帶咖啡，而是喜歡坐下來慢慢啜飲，觀察街上來往的人，看看有沒有自己認識的面孔。巴黎的街道就像伸展台，坐下來欣賞路人走秀是滿不錯的。

06

07

08

09

10

11

12

13

14

15

16

17

18

25 Wednesday Mercredi

01
Le Bistro Chair

02 如果你跟我一樣一天到晚待在咖啡館裡,就會跟我一樣注意
到大部分咖啡館裡的椅子就跟雪花一樣——都很像,卻從來
03
沒有兩張一模一樣的椅子。而且令人驚訝的是,這些椅子平
均一張要價500美元(約15000台幣)。
04

01
02
03
04
05
06
07
08
09
10
11
12
13
14
15
16
17
18

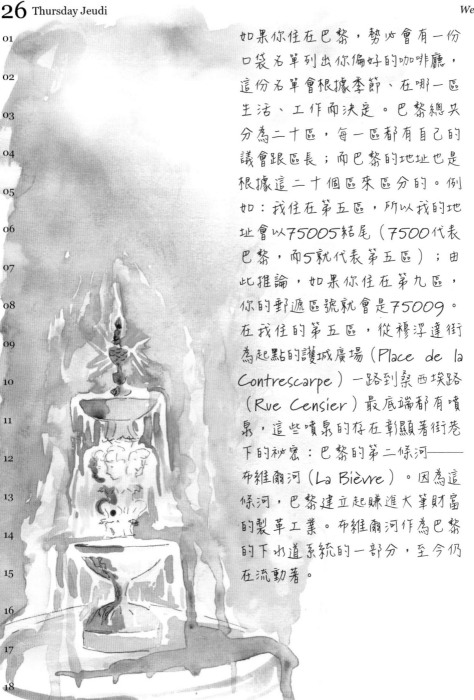

如果你住在巴黎，勢必會有一份口袋名單列出你偏好的咖啡廳，這份名單會根據季節、在哪一區生活、工作而決定。巴黎總共分為二十區，每一區都有自己的議會跟區長；而巴黎的地址也是根據這二十個區來區分的。例如：我住在第五區，所以我的地址會以75005結尾（7500代表巴黎，而5就代表第五區）；由此推論，如果你住在第九區，你的郵遞區號就會是75009。在我住的第五區，從穆浮達街為起點的護城廣場（Place de la Contrescarpe）一路到桑西埃路（Rue Censier）最底端都有噴泉，這些噴泉的存在彰顯著街巷下的祕密：巴黎的第二條河——布維爾河（La Bièvre）。因為這條河，巴黎建立起賺進大筆財富的製革工業。布維爾河作為巴黎的下水道系統的一部分，至今仍在流動著。

ST.AUGUSTIN DAY

27 Friday Vendredi

01

02

在聖梅達爾廣場（Square Saint Médard）的烘焙坊外面，地上有個大獎章，告訴你就在你的腳下有條古老的河流。把眼光從獎章上移開，抬頭一看，就可以看到聖梅達爾廣場咖啡店，我就在這家咖啡店工作、沉思、看噴泉流水汨汨。

03

04

05

06

07

08

09

10

11

12

13

14

15

16

17

18

30 Monday Lundi   *Week 22*

01

Café Saint Médard

02

巴黎人不一定會記下別人的電話號碼，他們通常會選擇同一
03
時間在同一家咖啡廳遇見同一群人。這就是老派作風。這些
巴黎人可以互相維持多年友誼，然而卻不知道彼此的電話，
04
甚至不知道對方姓什麼。

05

我則是習慣早早抵達咖啡店，醞釀寫作氣氛；服務生會端上
我的奶油咖啡（café crème），然後一起「寫」完這一天。
06

07

08

聖梅達爾廣場咖啡店（Café Saint Médard）：53, rue Censier, 75005

31 Tuesday Mardi

01

02

03 「一個女孩走進咖啡館，獨自坐在臨窗的桌邊。她非常美，

04 如果可以用柔軟的肌肉和雨水洗禮過的肌膚來鑄造錢幣，她的臉就像新鑄的錢幣一樣清新明亮。而她的秀髮如烏鴉翅膀

05 般黑亮，髮尾整齊的斜披她的臉龐。」

—— 《流動的饗宴》，海明威

06

07

09

10

11

12

13

14

15

16

17

18

1 Wednesday Mercredi   *Week 22*

01
Le Rostand

02
有時候就是會剛好跑得比較遠又剛好肚子餓，這時候我就會
03
尋找已故作家鬼魂縈繞不去的地點。這座城市充滿了這種神
奇的地方，而我自己也有幾個不同用途的私藏地點：有一間
04
咖啡店是我在寫信時會去的，一間專門用來寫日記，有的是
我心情不好的時候一個人待著自溺的咖啡店，還有我用來寫
05
書的地方（根據我寫書的情況，有時候最後兩間咖啡店其實是
06
同一間）。其中一個有作家鬼魂的地方就是羅斯丹咖啡店。

07

08

09

10

11

12

13

14

15

16

17

18

6, place Edmond Rostand, 75006

111

01 羅斯丹咖啡店是個非常有教養的地方，主要原因是那裡幾乎都
02 是跟我一樣的人——獨自光顧的顧客想在响干的玻璃杯碰撞
聲、侍者交談聲、店裡喧鬧聲之間找個安靜的地方待著。多不
03 勝數的客人都選擇自己獨自靜坐著，然後偷偷捕捉別人的身
影。如果我們這些顧客互相交談、分享，大概會有滿滿一整個
04 相簿的照片都是彼此在咖啡店裡的樣子吧。不過「泡咖啡店俱
05 樂部」的首要規則就是——不跟別人攀談。

咖啡店是為了那些「不想一個人獨處的人」而存在。
——《巴黎咖啡店：菁英們》
(Paris Café: The Select Crowd)、
諾爾‧萊利‧菲奇 (Noel Riley Fitch)

3 Friday Vendredi

Le Select

01

02 海明威常讓某些咖啡店聲名大噪；有時他去那些咖啡店寫作，
有時候則是把那些地方寫進小說裡。菁英咖啡館則是有《太陽
03 依舊升起》的角色造訪過；他們在蒙帕納斯大道（boulevard du
Montparnasse）上像跳房子遊戲一樣一路造訪菁英咖啡館、多
04 摩咖啡館（Le Dôme）再到圓亭咖啡館（La Coupole）。其中
一位書中角色將菁英咖啡館形容為「新的破地方」，因為它有
05 一種波西米亞風格。

06

07 棕色皮革長
椅、深色木製
08 吧檯、生活的
細節和時間讓
09 這個地方彷彿
蒙上一層鏽。
10 儘管巴黎的其
他咖啡店都在
11 翻新裝潢，好
讓外表看起來
12 「真的很舊」，
菁英咖啡館還
13 是忠於它的原
始風貌。關於
14 它的一切，什
麼都不會變。
15

16

17

18

店鋪地址：75006蒙帕納斯大道99號（99, boulevard du Montparnasse）

6 Monday Lundi

01

Les Deux Magots

02
03
04
05
06
07
08

另一個跟海明威有關的熱門景點是雙叟咖啡館，他在這裡跟其他知識分子，例如西蒙·波娃和沙特一起吸食合法的成癮性興奮劑。西蒙·波娃大部分都是早上待在這裡，寫作存在主義及女性主義理論，有時候沙特會跟他一起出現。他們是研究人類經驗的科學家，而他們兩人之間的關係則是持續了一生的實驗。在他們的關係初期，沙特曾向西蒙·波娃求婚，不過她拒絕了；但他們同意維持互相承諾的關係，但前提是他們得對彼此的感受完全開誠布公，也得對彼此完全坦承其他肉體關係的存在。他們兩個人都有許多別的情人，不過沙特曾經坦承，有些時候他實在等不及早點從他其他情人的床上爬起來，這樣才能早點去咖啡店跟西蒙·波娃見面。

店鋪地址：75006聖日耳曼德佩廣場6號
（6, place Saint-Germain-des-Prés）

7 Tuesday Mardi

01
02
03
他們兩個人的實驗似乎成功了，沙特與西蒙波娃的餘生似乎都因他們對愛的定義感到快樂且滿足。沙特於1980年4月15日逝世，西蒙‧波娃則是在幾年後的1986年4月14日逝世。他們一起長眠於巴黎的蒙帕納斯公墓（Montparnasse Cemetery）。

04
05
06
07
然而海明威的感情生活就沒那麼幸運了。他試著跟他的第一任老婆———哈德莉還有情婦寶琳之間複製沙特和西蒙‧波娃之間的開放式感情關係。海明威想要魚與熊掌兼得的慾望造成四場破碎婚姻。後來，他承認他人生最大的錯誤就是結束自己跟哈德莉的婚姻。

08
想像一下，這些歷史都融入了聖日耳曼大道（Boulevard Saint-Germain）這家咖啡店的咖啡裡。

09
10
「我在火車站再次看見我的妻子站在火車進站的軌道邊，當時我真希望我在愛上除了她以外的任何人之前就已死去。」

11
——《流動的饗宴》，海明威

12
13
14
16
17
18

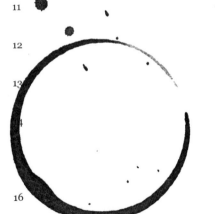

01

02

03

04

05

06

07

08

09

Saint-Médard
Rue Mouffetard
Paris

10

Saint Médard

11

12 聖梅達爾是主管天氣的聖人，傳說他曾把自己最好的一匹馬送給有需要的農人。緊接著，大雨開始降下，一隻老鷹張開翅膀從聖人頭上飛過，因此他的身體得以在雨中保持乾爽，其他人則是淋得一身濕。

13

14 法文中有句話說：「S'il pleut à la Saint Médard, il pleut quarante jours plus tard.」意思是：「如果6月8日那天下雨，就會接著多下四十天的雨。」

15

16 我就住在聖梅達爾教堂的對面，所以我整天都能聽到教堂裡的鐘響。我發現那是最讓人開心的一種預測時間方法。

17

18

9 Thursday Jeudi

01

Le Boucheron

02
你會在某些咖啡館交到些朋友，根據他們的個性、住處、時

機是不是剛好而有所不同。有些人看起來就很適合去那家咖

03
啡館，就像有些人跟他養的狗看起來是天生一對。布詩隆咖

啡館就是我遇見流浪部落客的地方。在巴黎，你可以看到很

04
多部落客，他們通常是沒有工作許可的外籍太太想找點事來

05
做，所以寫部落格順便偷偷炫耀她們的生活。不過我說的這

位流浪部落客可不是這樣，他獨一無二。

06

07

08

09

10

11

12

13

14

15

16

17

10 Friday Vendredi

01
02
03

他在歐洲各地一邊遊歷，一邊寫部落格。他只要一來巴黎，不論什麼時候——早上、週間，我們都會來這家位於瑪黑區的咖啡店。他跟我一樣，辭掉在美國公司的工作，而且我們都在歐洲出生。他靠著餅乾、便宜的紅酒和智慧過活，他雖然窮，卻很快樂。

04
05
06
07

我們在巴黎聖母院相遇，那時候我正在找導覽手冊上的英文解說，他則是在尋找有沒有人能交朋友。他坐在我旁邊，把導覽手冊翻到英文的段落給我看，結果我們發現彼此其實說著同樣的語言，在旅行途中，這就可以造就一段友誼了；之後我們一起去喝了咖啡。

08
09

他是攝影師，所以我們通常會聊攝影、沖洗照片跟相機，我買新相機都是他教我怎麼使用。

10
11

跟他一起喝咖啡時，我都會要求店家把奶油放在旁邊，因為我知道他會把我沒加進咖啡裡的所有東西都吞下去，他還會在咖啡裡加一大堆糖，因為他得補充卡路里才能活下去。他就是窮到這種地步。

12
13

我上一次收到他的消息時，他在冰島的加油站外面寫部落格，離我們的咖啡店好遠，希望他能過活的不再只有餅乾、便宜紅酒和智慧了。

14
15
16
17
18

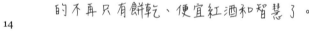

01

Antoine the Poet

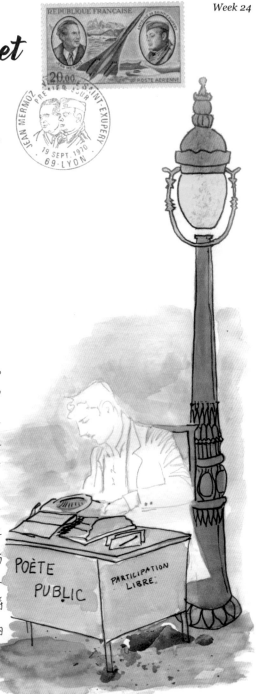

02 　我最近為了找公共詩人安東
03 尼找得有點惱火。安東尼
通常都會在朗布托路（Rue
04 Rambuteau）上，坐在要去
地鐵站的人潮之間。他等
05 待有人在他耳邊輕吐一個
字或一個主題，他的手指就
06 會開始在老打字機上敲打成
詩。我給自己的任務是對
07 安東尼說：「愛（Amour
08 ）」這個字，然後等他寫下一
首關於愛的詩；不過一天一
09 天過去，我走遍大街小巷就
是沒遇到他。我找他找得如
10 此熱切，讓我想起了自己追
11 尋愛情時的模樣——心裡
緊張忐忑，深怕白白浪費時
12 間；心想自己會空手而回，
或是接受自己可能得自己一
13 個人過下去的事實。至於安
14 東尼，他應該在馬賽享受陽
光，待在古老的港邊為遊客
15 和漁夫寫簡單短小的愛情詩
16 吧。也許哪一天他會回來為
我寫下一首詩。
17

18

14 Tuesday Mardi

01

Le Flâneur

02

03 六月一到，漫步者的季節也就到了，他們是在街上閒散漫步
的人。漫步者是第一個城市探險家，他有大把大把的時間觀

04 察周圍的一切變化。如果你在紐約停下腳步慢慢欣賞建築，
可能會被繞過你的行人撞倒踩扁。在巴黎，你會因為前面行

05 人的腳步而放慢自己的走路節奏。這時候你就會注意到路邊

06 出現了新的塗鴉。

07

08

09

10

11

12

13

14

15

16

17

18

01
02
03
04
05
06
07
08
09
10
11
12
13
14
15
16
17
18

LIVRES D'ART FISCHBACHER INTERNATIONAL
33 rue de Seine, Paris 6⁰

LIVRES FRANÇAIS et ÉTRANGERS

天氣變熱的第一天，女士們會開始翻出去年的洋裝來穿，雖然皺巴巴的，但是舒適又涼爽。男士們則會折起他們的夾克，夾在手臂下。而且大家都轉而選擇走路而不搭悶熱的地鐵了。

巴黎真的是行人的天堂；這裡鋪滿鵝卵石的大街小巷上到處都有驚喜。橋樑召喚著你的腳步，花店裡的花束等待你將它們握在手裡，還有書店裡各式各樣的書名在夏日裡吸引你的目光。

當然囉，我無法逐一閱讀這些書籍，書封下的法文內容對我來說太難了，但是法文字有種風格讓你一定會愛上那些美麗的書。

01

Café Saint-Régis

02

03

04

聖瑞吉咖啡館位於聖路易島（Île Saint-Louis）上。每天早上，咖啡館的客人會帶來他們的筆記本或電腦，準備在喧鬧時段開始之前好好工作一陣。咖啡館裡滿滿的都是人，但是卻出奇的安靜。大家都在忙自己的事。

06

07

08

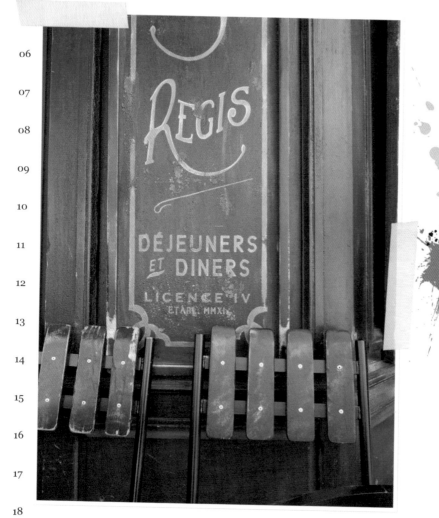

09

10

11

12

13

14

15

16

17

18

店鋪地址：75004讓杜貝雷6號（6, rue Jean du Bellay）

17 Friday Vendredi

01

Le Petit Dejeuner

02 在巴黎，很少見到有人在外面坐著享用早餐。大家一般都在家裡吃完早餐才出門，或是順路到烘焙坊買點東西在路上吃。

03

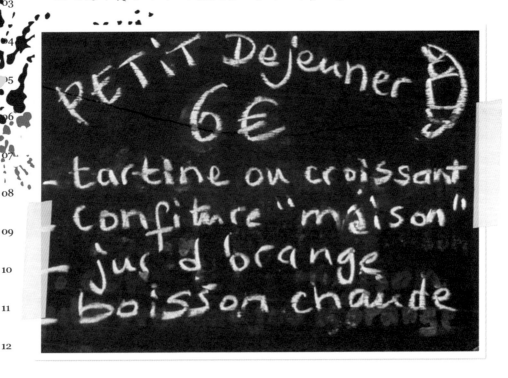

04

05

06

07

08

09

10

11

12

13 住在旅館的遊客就沒有廚房可以煮早餐了。一般來說，蛋料理只會出現在午餐的菜單上，不是早餐該吃的食物，所以可別期待早餐會有蛋。法式早餐比較歐陸風格一點，一般會有麵包，例如吐司或可頌、果醬、柳橙汁，熱飲則是必備的品項。

14

15

16

17

18

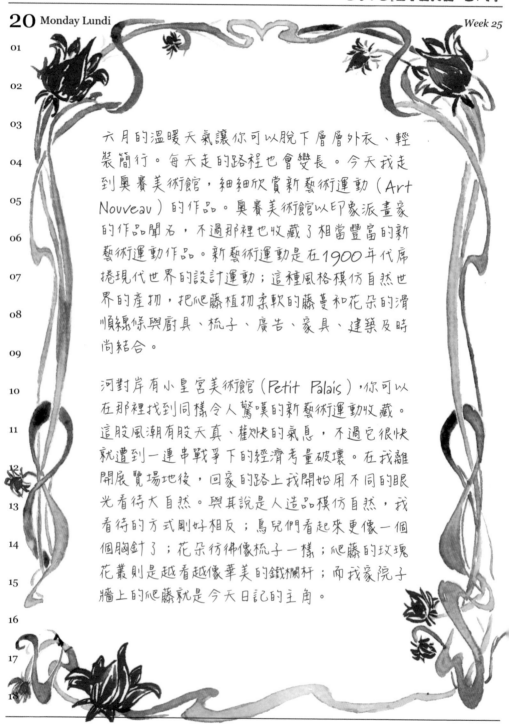

01
02
03
04
05
06
07
08
09
10
11
12
13
14
15
16
17
18

六月的溫暖天氣讓你可以脫下層層外衣、輕裝簡行。每天走的路程也會變長。今天我走到奧賽美術館，細細欣賞新藝術運動（Art Nouveau）的作品。奧賽美術館以印象派畫家的作品聞名，不過那裡也收藏了相當豐富的新藝術運動作品。新藝術運動是在 1900 年代席捲現代世界的設計運動；這種風格模仿自然世界的產物，把爬藤植物柔軟的藤蔓和花朵的滑順線條與廚具、梳子、廣告、家具、建築及時尚結合。

河對岸有小皇宮美術館（Petit Palais），你可以在那裡找到同樣令人驚嘆的新藝術運動收藏。這股風潮有股天真、歡快的氣息，不過它很快就遭到一連串戰爭下的經濟考量破壞。在我離開展覽場地後，回家的路上我開始用不同的眼光看待大自然。與其說是人造品模仿自然，我看待的方式剛好相反；鳥兒們看起來更像一個個胸針了；花朵彷彿像梳子一樣；爬藤的玫瑰花叢則是越看越像華美的鐵欄杆；而我家院子牆上的爬藤就是今天日記的主角。

21 Tuesday Mardi

01

Fête de la Musique

02
03
04
05
06

夏日的巴黎就像一場嘉年華會。人行道熱得嘶嘶作響，咖啡館像活過來一樣喧鬧著，而音樂聲則從早到晚不停流洩而出。因為這是遊客最多的季節，許多樂手都會在這時候出來賺點外快。讓我覺得最有趣的是在高伯蘭大街（Rue des Gobelins）彈奏手風琴的樂手，他的驕傲裡參雜著一些悲傷——彈奏樂器很開心，卻也很累。他像發條娃娃一樣，有人投錢到他的杯子裡，他的動作就會大一點。在第一個夏日傍晚，巴黎人會以音樂節慶祝，在這一天，你只要有樂器就可以在巴黎街上演奏，不需申請許可，這天小孩也被允許可以在外面待到很晚，他們像野生動物一樣在街上跑來跑去，聲音蓋過了手風琴樂手的樂聲，於是他緩緩退到一邊。不過等到喧鬧聲稍歇，他就彈起了悲傷的搖藍曲，樂音繚繞街頭巷尾。他告訴我，他從小就開始彈手風琴：「這是我的工作，我別無選擇。」

22 Wednesday Mercredi

01

02

03

04

05

06

07

08

09

10

11

12

13

14

15

16

17

18

23 Thursday Jeudi

01

02

03

04

05

06

07

08

09

10

11

12

13

14

15

16

17

18

聖心堂（Sacré-Coeur Basilica）位於蒙馬特區的最高處。這裡曾是屬於巴黎以外的區域，也是當時默默無名的藝術家們——畢卡索、馬諦斯、梵谷的住處。他們會住在這個波西米亞的邊緣村落並不是因為這裡有著如畫中景象一般的街道和景色，而是因為這裡當時不屬於巴黎區域，不必繳那麼高的稅。

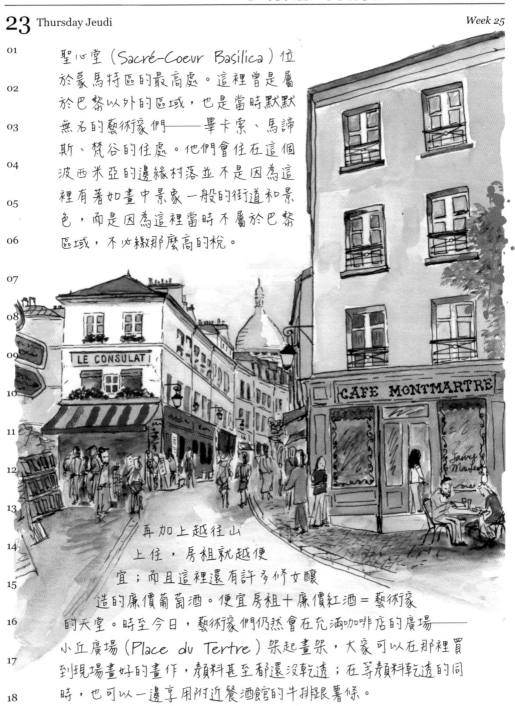

再加上越往山上住，房租就越便宜；而且這裡還有許多修女釀造的廉價葡萄酒。便宜房租＋廉價紅酒＝藝術家的天堂。時至今日，藝術家們仍然會在充滿咖啡店的廣場——小丘廣場（Place du Tertre）架起畫架，大家可以在那裡買到現場畫好的畫作，顏料甚至都還沒乾透；在等顏料乾透的同時，也可以一邊享用附近餐酒館的牛排跟薯條。

24 Friday Vendredi

75018小丘廣場（place du Tertre）

01

02

03

04

05

06

07

08

09

10

11

12

13

14

15

16

17

18

27 Monday Lundi

01
02
03
04
05
06

聖心堂以凝灰石建造而成，它是一種富含方解石的石材，天氣潮溼時會像漂白水一樣讓建築外觀潔白無比，讓它看起來像婚禮蛋糕一樣。聖心堂當初是為了法國在1871年普法戰爭中的敗戰贖罪而建成，也算是對巴黎公社的懲罰。沒想到把一棟巨大的教堂蓋在巴黎最動亂的地區的中間，竟然帶來新的秩序，也匡正了一些社會及政治議題，這件事情不管怎麼想都令人費解。聖心堂位於巴黎的最高點，一路上台階很多，還得小心扒手，但至少最後可以在教堂裡的長椅歇歇腳。

07
08

09
10
11
12
13
14
15
16
17
18

28 Tuesday Mardi

01

但我最喜歡的還是站在聖心堂正前方，然後轉向後方眺望整個巴黎。從這裡看起來，整個城市就像一張黑白照片一樣。

02

從這裡看不到現代的汽車、手機店、漢堡店，舉目所見看都是巴黎過去的模樣。那是我們心心念念的老巴黎，從這裡望

03

去，我們可以假裝那個巴黎依然存在。

04

05

06

07

08

09

10

11

12

13

14

15

「整體來說，我喜歡獨處；因為在獨處時我最能清楚感受到自己擁有什麼；可以自由自在的從屋頂眺望城市；然而我也

16

樂於在朋友的陪伴下獨處，也珍惜愛人、陌生人的陪伴。」

17

—— 《屋頂獨白》（*Rooftop Soliloquy*），
羅曼佩恩（*Roman Payne*）

18

29 Wednesday Mercredi

01

02

03

地鐵聖保羅站（Saint-Paul Métro）因為是地鐵1號線的大站，所以是個跟朋友約見面的熱門地點。我喜歡跟別人約在這裡，因為附近有非常多咖啡店，在朋友傳來訊息說會遲到時，這是個邊觀察人群邊等人的好去處。

04

05

06

07

08

09

10

11

12

13

14

15

16

17

18

01

聖保羅站位於時髦的瑪黑區。住在瑪黑區的人
總是認為如果有人說他不想住在瑪黑區，他絕
對是在開玩笑。

02

03

我在聖保羅站外面看到下面這張照片裡的沒頭
彼特還有她手毛超多的女朋友。哦，等等，有
時候得再看仔細一點才能看出真相。

04

05

06

07

08

09

10

11

12

13

14

15

16

17

18

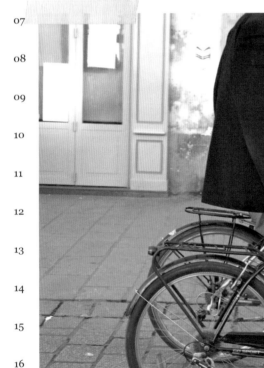

1 Friday Vendredi

Week 26

01

Vélib'

02
03
04

維利比（Vélib'）是巴黎的自助單車租借系統。你可以在任何一個單車站租車，騎乘到目的地後把車停在任何另一個腳踏車站。前三十分鐘可以免費騎乘，所以小祕訣就是快速的騎到目的地，並在開始計費以前還車。

05
06
07
08
09
10
11
12
13
14
15
16
17
18

4 Monday Lundi

01
02
03
04

把腳踏車直接停到站點後再也不必回頭是種很奇怪的感覺，一開始，你不太確定自己有沒有做對每個步驟；這違反了過去身為負責任的腳踏車車主的每一條守則，但是只要一習慣，可以直接把腳踏車放著不必再回來牽車的感覺真的好自由。維利比（Vélib'）是法文中的兩個字結合起來的文字遊戲，腳踏車是vélo，自由是liberté，而這正是維利比為大家帶來的感受。

05
06
07
08
09
10
11
12
13
14

15

16
17

有時候攝影之神會為你帶來神奇的畫面，到腳踏車站準備借車時，一整排腳踏車旁邊剛好停了一台色階亮美搭配的汽車。

18

01

Versailles Schmersailles

02

03

如果瑪麗‧安東妮（Marie-Antoinette）還活著，今天應該是她的命名日，大家整天都會祝福她命名日快樂。大部分的人不一定會知道你的生日，但是他們都會知道你的命名日，這是種讓人覺得自己很特別的好方法。為了慶祝瑪麗‧安東妮的命名日，我去參觀她在凡爾賽宮的小房子。

04

05

如果瑪麗‧安東妮還在世，我想她應該既時髦又女孩子氣。

06

07

08

09

10

11

12

13

14

15

16

17

18

6 Wednesday Mercredi

01　每個去過巴黎的人都會叫你去凡爾賽宮，他們從不說為什麼要

02　去，只說：「去就對了。」所以我去了凡爾賽宮。但我要在這裡告訴大家，那些人沒告訴你的是：「凡爾賽宮很大，而且有

03　點無聊。」

04　先給大家一些背景知識，直到法國大革命打破了這華美精巧的

05　一切以前，凡爾賽宮曾是一大堆名字都是路易某某的國王的皇宮。而現在這裡成了觀光景點；凡爾賽宮華麗到一種很荒謬的

06　地步，我的意思是，難道你會需要各種以紅色、黃色、藍色、綠色、藍綠色為主題的房間嗎？更別提以月亮、火星、太陽、

07　木星和土星為主題的沙龍了。不，根本不需要。

08　而且這裡還掛滿水晶燈。不過如果你是喜歡華麗風格的國王，也許這些東西就是華麗得恰到好處吧。

09

10

11

12

13

14

15

16

17

18

凡爾賽宮：78000德阿姆廣場（place d'Armes, 78000 Versailles）

7 Thursday Jeudi

01　怎麼樣才不會在凡爾賽宮裡暈頭轉向：

02　1. 首先你需要一雙舒服的鞋子，凡爾賽宮很大，真的有夠大。

03　2. 坐電動車去參觀瑪麗‧安東妮用來體驗農村生活樂趣的小村莊。

04　3. 事先在網路上買好票。凡爾賽宮排隊買票的隊伍很長，非常

05　可怕，而且還得在大太陽下排隊。畢竟這是太陽王的家嘛。

01

02

03

去過一趟凡爾賽宮你就會理解為什麼人民要推翻君主制。百姓在巴黎城裡挨餓，路易國王們卻住在充滿真金白銀的凡爾賽宮裡。凡爾賽宮實際上是在巴黎之外，你得搭火車才到得了。從凡爾賽宮回家的路上，火車在鐵軌上停了將近一個小時；我們卻根本不知道發生了什麼事。我跟一個賣小紀念品給觀光客的非洲男士坐在同一車，他們整天都站在凡爾賽宮前，搖動著手上有艾菲爾鐵塔飾物的鑰匙圈，喊著：「只要一歐！」沒有得到許可就販賣這些東西是違法的，所以他們得在警察每幾個小時來巡一次時躲躲藏藏，等警察走了再溜回來。

04

05

06

07

當時我們靜靜坐在車廂裡，我聽見前方傳來細小的吸鼻子聲，接著另外幾個位子也發出了同樣的聲音；好幾個販賣小飾品的非洲男士們在哭。他們高大、英俊，卻在火車車廂裡哭泣。我跟其中一位小聲的聊了起來，他在我打開地圖時為我指引方向。他說他們千里迢迢來到巴黎這座大城市，只希望賺錢帶回故鄉給家人。他們來到這裡想盡可能多賺錢、多省錢，大家一起在破舊髒亂的居住條件下努力幾年，然後像英雄一樣衣錦還鄉、回到家人身邊。

08

09

10

11

12

13

14

15

16

他們一定很驚訝像我這樣的觀光客竟然還為了腳酸、要排隊而抱怨。對這些身邊的衝突、動亂毫不知情，比起那些以前的皇室貴族，我實在好不到哪裡去。

17

18

Au Petit Versailles, 1, rue Tiron, 75004

11 Monday Lundi

01
Jardin des Plantes

02 在巴黎想要找涼爽的地方慢跑，來這裡就對了。巴黎植物園

每天早上會開放給早起的跑者運動；園內有兩條主要林蔭步

03 道。所有跑步者會向上跑到其中一條林蔭步道的一端（第一

條步道的頂端），跑到底後繞一圈，再跑向另一條林蔭步道

04 （第一條步道的底端），跑完一圈的感覺有點像棒球比賽的

05 跑壘。早起的跑者不太有人戴耳機跑步，也沒有人戴太陽眼

鏡。大家純粹是來跑步的，沒人看錶，也沒人計算自己跑了

06 多遠；只讓自己的內在知覺自由流動，等腦海裡的問題迎刃

07 而解，並讓自己的內在靜下來，好開啟新的一天。

08 巴黎植物園位於拉丁區

（Latin Quarter），

09 這裡曾有許多歷史學者

住過。他們聲稱住在這

10 裡是因為巴黎第四（索

邦）大學（Sorbonne）

11 就位於此。不過我猜，

12 會不會是這些跑步、走

路的過程，成就了這些

13 學者。對我來說，我難

以想像沒有散步習慣的

14 人成為作家。寫作加上

15 走路，這就是完成一

本書的方法。

16

17

18

巴黎植物園：75005居維葉街57號（57, rue Cuvier）

01

The Most Romantic Spot in Paris

02
03
04
05
06

跑完步以後，我會在林蔭步道外面的玫瑰花園乘涼；這座花園位於古生物學博物館跟地質博物館之間——滿滿的玫瑰花開在恐龍化石和鑽石之間；蜜蜂也樂於在成千上萬朵玫瑰花之間飽餐一頓。走過花園裡的拱道，可以聽見蜜蜂在頭上嗡嗡地響，走出這座玫瑰花園，你會發現跑步前心裡的重量都已經變成蜜蜂愉快沉醉的嗡嗡聲了。

08
09
10
11
12
13
14
15
16
17
18

01

The Fireman's Ball

02 我早起去公園跑步的動力之一是因為可以看到消防員。每天

03 早上他們都會在距離消防站最近的公園跑步，他們甚至還有

專門的跑步服裝。在法國，身為消防人員是一種極為專業的

04 職業，在社會上的評價甚至比職業運動員還高。巴士底日（

法國國慶日）前夜，每個消防站都會舉辦消防員舞會，舞會

05 前幾天會看到消防員們在各處販售舞會的門票。我實在忍不

住多買了幾張票。

06

07

08

09

10

11

12

13

14

15

16

17

18

01

Bastille Day

02

03

在1789年的這一天，巴士底監獄出現反抗的力量，象徵君主專制的終結；而巴士底日便成為紀念法國大革命的國定假日。到現在，這天似乎變得有點像是慶祝軍事成就的日子，當天的慶祝活動從香榭麗舍大道上的軍人遊行開始，這些軍人的頭上都戴著插了羽毛的帽子，我沒誇大哦，法國人真的很熱愛羽毛。而慶祝活動的高潮就在空軍駕駛飛機劃過天空時出現，他們會在空中留下法國國旗模樣的彩色飛機雲。

04

05

06

07

08

09

10

11

12

13

14

15

16

17

18

15 Friday Vendredi

01

02 遊行結束後，軍人們會戴著他們軍裝翻領上的獎章，昂首闊
步的在巴黎四處「悠哉一下」，他們常常停下跟孩子拍照。

03

04

05

06

07

0

09

10

11

12

13

14

15

16 在巴士底地鐵站，原本監獄的石牆的位置就標示在5號線的
月台上。

17

18

01

02

03

04

05

06

07

08

09

10

11

12

13

14

15

16

17

18

巴士底日的重頭戲則是在艾菲爾鐵塔的煙火秀。這場五光十色的煙火秀大約持續一個小時左右，法國煙火技術之絕妙令人驚嘆，隨著華麗又神奇的光影效果，甚至可以讓艾菲爾鐵塔看起來搖搖幌幌的，精采絕倫。

最後的煙火施放完，我和朋友沉默無言亲站了一陣子，我們實在對於剛剛呈現在眼前的壯麗景象難以置信、無法言喻。稍晚，我躺上床閉起雙眼，美麗的火光仍在我的眼前舞動。

Bravo，巴黎，你太棒了。

19 Tuesday Mardi

01

Le Béret

02
03
04
05
06

軍人的帽子總是讓我想到貝雷帽；剛開始貝雷帽是農人的帽子，後來教士也開始戴，之後換成軍人戴，最後，大家都開始戴貝雷帽了。傳統貝雷帽是柔軟且頂部平坦的圓型帽子；現代法國男性戴的帽型是傳統羊毛圓形貝雷帽再加上一些變化，現代的貝雷帽結構較明顯，不那麼鬆垮。我喜歡戴貝雷帽是因為在天氣變冷的時候，可以用它遮住耳朵，等到暖起來以後，就又可以讓耳朵露出帽緣了。

貝雷帽是我的隨身空調。

07
08
09
10
11
12
13
14
15
16
17
18

20 Wednesday Mercredi

Week 29

01

貝雷帽讓人有種雋永的感覺。巴黎街頭堆砌著一代又一代的

02

鬼魂，跟時光、歷史書、還有每個世紀都會出現的貝雷帽
交織在一起。現在我們就在頂端最新的一層；但我們不會一

03

直都在這裡，多年後，會有其他的人走在新一層的巴黎街道

04

上，想著已經成為過去的現在，為那些我們現在還不知道的
未來驚嘆。當然了，在那樣的未來裡，一定也有人戴著貝雷

05

帽。

06

07

08

09

10

11

12

13

14

15

16

17

18

21 Thursday Jeudi

01

看著奧黛特甜點店（Odette　Patisserie）的奶油泡芙讓我不禁
思考，他們是不是投注了全心全意，才能做出這些像貝雷帽的
02　完美甜點。

22 Friday Vendredi

01

奧黛特甜點店是巴黎其中一家只賣單一品項的店舖，他們把
所有心神都花在讓一種甜點臻至完美。我不知道這些店為何
得以維持生計、長久經營下去，但是在巴黎，這樣的做法似
乎行得通。

02

03

04

05

06

07

08

09

10

11

12

13

14

15

16

17

18

奧黛特：75005噶瑯街77號（77, rue Galande）

25 Monday Lundi

01
02
03
04
05
06
07
08
09
10
11

12
13
14
15
16
17

有對情侶坐在咖啡店裡。他的手橫過桌面，握著她的手；而
她則是啜飲眼前的飲料，眼光卻望著別的方向。很明顯她並
不想待在這裡，甚至覺得去哪裡都比身於此處好；可想而
知，她的冷漠反而讓他更想討好她，而這也讓她更加抗拒。
這對情侶一起來度假，旅遊書就躺在他們的桌上、躺在她的手
機旁邊；她是不是在等別的誰傳來訊息呢？她或許更想和另外
那個人共遊這個愛之城吧。她的腦海裡是否閃過了引領她到此
時此刻的所有決定？巴黎常是大家度假旅行的第一選擇，但是
這座城市和一起旅行的那個人，有時也會帶來失望。

18

01

Cinq à Sept

02

巴黎各處都可以看到情侶吵架，時差、看不懂地圖、語言障

03

礙、行程太滿太累，這些都是吵架的原因；而這些還只限於

觀光客而已！巴黎當地人也有他們自己的吵架原因，通常是

04

因為各自的風流韻事而吵架。

05

巴黎有家乾洗店叫「5 à Sec」，直接翻譯就是「數到五就

06

乾（5 to dry）」；這個名字本身是文字遊戲，法文中的Cinq

à sept就是5到7，意指從5點下班到7點回家的這段時間之內

07

發生的外遇。現在這個詞也被用來意指社交活動，或是指歡

樂時光*。

08

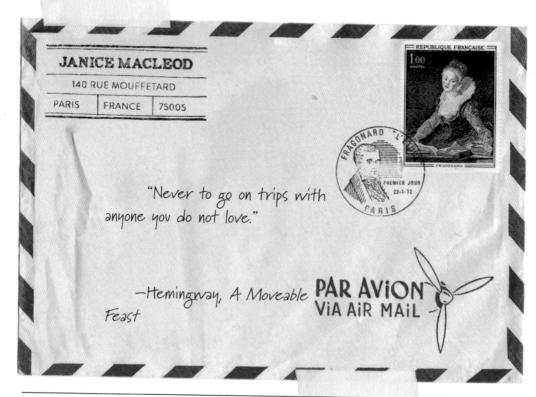

JANICE MACLEOD

140 RUE MOUFFETARD

PARIS | FRANCE | 75005

RÉPUBLIQUE FRANÇAISE

1.00 POSTES

FRAGONARD

"Never to go on trips with anyone you do not love."

—Hemingway, A Moveable Feast

PAR AVION
ViA AiR MAiL

*happy hour、wine and cheese指飲食場所
為吸引顧客而提供減價飲料的時段。

27 Wednesday Mercredi

01

The Lost Generation

02 1946年的今天，葛楚·史坦逝世。她是一位美國作家兼藝術收

藏家，她很有眼光，在塞尚、馬諦斯、畢卡索、雷諾瓦、羅特列

03 克這些藝術家的作品價格飆張之前，她已購入多幅他們的作品。

她也時常在自己的公寓裡招待美國文學界的菁英分子，海明威、

04 費茲傑羅都是她的座上賓。我跟著海明威的腳步，從他位於勒姆

瓦納紅衣主教路（Rue Cardinal Lemoine）的公寓走到史坦在

05 花園街（Rue de Fleurus）的住處；一路走過許多靜謐小巷，

還經過盧森堡公園（Jardin du Luxembourg），接著就到她住的

06 街上了，那裡也有巴黎常見的標示牌，告訴大家這裡是名人故

居。我可以理解為何海明威喜歡走這段路，這段路的長度走完

07

08 剛好會有一點累、一點渴；這就是巴黎生活，你在這裡發現失

落的一代（這個詞是由史坦女士創造的），從而開始研究這些

09 作家。這些作家喜歡在寫作時運用日常生活常見的主題，主要

是他們在第一次世界大戰時的生活經驗，還有富人們百無聊賴

10 的生活；接著你開始閱讀這些作家的傳記，追溯他們的腳步，

11 直到走到這一切的起點

——建築物門前的一塊

12 標示牌，告訴你這是一切

發生的地點。我也不知道

13 為什麼，但是這對我來說

就像一種獎勵，令人無比

14 滿足。

15

「所有你們這些在戰爭中

16 服役過的年輕人，你們都

是失落的一代。」

17

——葛楚·史坦

18

葛楚·史坦故居：
75006花街27號（27, rue de Fleurus）

01

Bonnes Vacances

02

03

04

05

06

07

08

09

10

11

12

13　　每年的這個時候我都會覺得有點失落，因為這時候長假開

始了。大部分的當地人都會在七月底左右離開巴黎度假，

14　通常為期四到五周。因此，許多商店都會在這時候直接休

息一個月，這時要找到夠好的法國麵包很難，太可惜了

15　（Quel dommage）。這個時候來巴黎玩的遊客直接錯過了巴

黎精華之處：門窗都鎖上、關上了，窗上貼著可愛的標誌告

16　訴大家——如果想體驗巴黎人的生活，現在去南法的沙灘

還可以碰碰機會。甚至連極富盛名的冰淇淋店——貝西翁

17　（Berthillon）都關店放暑假去了。

18

01 此時市場裡的人也稀稀落落，大部分的攤販都不想在這時候
02 的巴黎做生意，因為根本沒人來買。而我也會在這段時間悄
悄走到我在雜貨店裡偏好的結帳櫃檯。巴黎雜貨店的櫃台用
03 一句話來概括就是：「滿腹牢騷」；而這還已經是好聽一點
的說法了。在這裡，如果你不給櫃檯剛好的零錢，或是直接
04 給他們剛從ATM領出來的五十歐元大鈔，你就得等著領受
他們的怒氣了。要跟雜貨店的結帳店員成為朋友也得花上很
05 久的時間，你必須摸清楚他們的脾氣，像接近野生動物一樣
06 靠近他們。我曾經試著跟一位來自塞內加爾的結帳店員當朋
友，我覺得自己已經很懂她了；她常戴假髮，每當她戴著大
07 捲假髮，你可以很有自信的接近她，這時的她臉上會充滿笑
08 容；如果她戴著那頂嚴肅的上班女郎包柏頭假髮，這時的她
很嚴肅但動作快速俐落；如果她完全沒戴假髮，那天我不會
09 找她結帳；她本人的真髮就像是她自己在加油站廁所剪出來
的髮型。有一天她沒戴假髮，我看到兩個年輕美國女孩試著
10 用金融卡結帳，想當然爾她們的金融卡在雜貨店不能使用，
11 但她們並不知情；金融卡刷不過的當下，那位結帳店員用力
甩上她的收銀檯抽屜，從那兩個女孩手中抓過裝滿的商品的
12 袋子，然後手指向門口大聲說：「不賣！」——我轉身就
離開雜貨店。
13

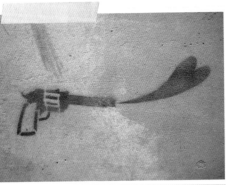

1 Monday Lundi

01
02

Waiting Game

03

初來乍到巴黎一定會花許多時間等待。首先，這裡有許多排隊
的隊伍，隨著時間流逝，你慢慢學會觀察當地人的行動。例
如：聖母院在禮拜開始之前，會另闢一條隊伍給參加禮拜的人
排隊；跟著那條隊伍前進就可以直接進聖母院了。再者，絕
對，絕對不要在免費入場的日子參觀博物館。每間知名的博物
館每個月都會有一天免費參觀日；這一天排隊的隊伍會綿延一
個又一個轉角看不見盡頭，終於輪到你進場時，你會發現自己
即將走進擁擠不堪的博物館，進去以後更是無止盡的等待後才
能看到想看的作品。還是改天乖乖付錢來參觀吧。

04
05
06
07
08
09
10
11
12
13
14
15
16
17
18

羅浮宮埃及展，等待真累人。

01
Waiting on a Woman

02
我在巴黎認識一個美國女孩，後來我們成了朋友（或許是她來找
03
我做朋友的？）。我們當時都剛到巴黎，在網聚上認識了彼此。

13
巴黎還滿流行網聚，參加的人不少；你要先在網路上登記，然
14
後在聚會現身，如果在聚會上交到朋友就可以跟對方交換聯絡
資訊，之後就能單獨約出來見面。我認識的這位美國女孩總是
15
跟我約在志利安家（Chez Julien）餐廳外見面；她總會遲到二
16
十分鐘左右，如果她是個法國人，倒還可以忍受；美國人通常
是很準時的，所以只要她遲到我就會有點生氣。然而只要我決
17
定帶著書等她出現，她就會準時抵達；這時候我又會被激怒，
因為我沒辦法如預期的看書。異文化之間的互動實在很難啊。
18

155

01
Colette

02 1954年的今天，知名法國作家科萊特逝世。

03 她是《金粉世界》（*Gigi*）的作者，故事敘述一個女孩接受訓練成為伴遊女郎，好成為富人的情婦，她卻進而和對方結

04 婚，真是大膽啊！1951年奧黛麗·赫本被科萊特親自挑中為演員，獲得在舞台上扮演琪琪（*Gigi*）的機會。科萊特本

05 人也是個知名的愛貓人，最為人知的是她每天開始工作前一定會先替貓咪挑身上的蝨子。科萊特長眠在巴黎的拉雪茲神

06 父公墓（Père Lachaise Cemetery），流浪貓也都喜歡在科萊特的墓地附近蹓躂。

07

08

09

10

11

12

13

14

15 「真是奇怪啊，一個人可以在最悲痛的時刻表現正常、忍住

16 眼淚；當有人在窗外對你做出友善的表示，當你注意到昨天

17 還含苞的花朵今天突然綻放，或是你突然看見從抽屜裡掉出來的一封信……一切就都崩解了。」

18 ——科萊特

4   Thursday Jeudi   *Week 31*

01

02

03

04

05

06

07

08

09

10

11

12

13

14

15

16

17

18

科萊特真是個幸運的淑女。巴黎墓地充滿了貓咪，而且牠們看起來都有得到妥善照顧。我不太確定是因為墓地的管理者同時也有在照顧這些貓咪，還是因為巴黎城市裡充滿了老鼠。我找尋著科萊特的長眠之地，卻只找到一大堆貓⋯還有伊迪絲‧琵雅芙（Édith Piaf）。

01

Édith Piaf

02

03

04

05

06

07

08

09

　　伊迪絲・琵雅芙是一位法國卡巴萊歌手（cabaret singer），她最知名的歌曲包括「玫瑰人生（La Vie en rose）」、「不，我一點都不後悔（Non, je ne regrette rien）」、「群眾（La Foule）」。琵雅芙以在皮加勒區（Pigalle）的街頭賣唱、晚上在住處庭院裡引吭高歌唱上一兩首歌而聞名；公寓的居民會丟許多錢幣打賞她。她曾遭指控謀殺、在德國占領時期被指責為法國的叛國賊，她也曾為了替女兒的葬禮籌錢而跟男人上床。在一場嚴重車禍後，她開始對嗎啡和酒精成癮，琵雅芙於四十七歲時過世，教會因為她的放蕩生活不願意為她舉行安魂彌撒。然而，當時還是有超過十萬歌迷加入她的送葬隊伍。五十年後教會改變態度，為琵雅芙舉辦了追思禮拜。

10

11

12

13

14

15

16

17

18

拉雪茲神父公墓：75020瑞珀斯路16號（16, rue du Repos）

8 Monday Lundi   *Week 32*

01

02
　　伊迪絲・琵雅芙遺言：
　　「你得為自己做過的每一件蠢事付出代價。」

03

04

05

06

07

08

09

10

11

12

13

14

15

16

17

18

9 Tuesday Mardi

01
Père Lachaise Cemetery

02 這裡是巴黎最大的公墓，許多名人長眠於此。其中最多人造
訪的兩個墓地分別睡著吉姆·莫里森（Jim Morrison）和奧斯
03 卡·王爾德（Oscar Wilde）。

04

05

06

07

08

09

10

11

12

13

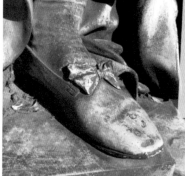

14

15

16

17

18

01

Père Lachaise Insider Tip

02 最華麗的墳墓都集中在主要走道，所以如果你覺得不管怎麼
找都找不到好東西看，記得跟著主要走道走就對了，這樣可
03 以看到比較有代表性的墓地。也別忘了抬頭看看，在你認真
尋找蕭邦跟普魯斯特時，公墓的工作人員正在火葬場為新來
04 的成員火化。此外，由於拉雪茲公墓歷史悠久，公墓內的樹
木都高大翁鬱，有許多樹蔭，是夏天觀光的好去處。

05

06

07

08

09

10

11

12

13

14

15

16

17

18

11 Thursday Jeudi   *Week 32*

01

Secret Sidewalk Artist

02 我在等紅綠燈的時候邊看著地上邊思考自己的事，結果我看

03 到人行道地上的畫，畫中有個人也正在看我。這個人行道藝
術家很聰明，他利用斑馬線的白線當作畫布；每次我巧遇這

04 些畫中的頭像，我都覺得自己好像中獎了，這位極富玩心的
藝術家只獎賞那些留心於身邊事物的人。

05

06

07

08

09

10

11

12

13

14

15

16

17

18

12 Friday Vendredi

01

02

03

04

05

我不知道這位藝術家是誰，但我知道這些頭像幾乎都出現在巴黎第四（索邦）大學附近的街道上，所以它們很有可能出自其中一位美術系的學生之手。我曾看過這些學生在巴黎各處的咖啡店和公園素描，這些索邦大學的學生邊喝咖啡就能邊畫出精妙的素描作品，看著這種畫面的藝術家都覺得相形見絀。我很喜歡找出這些頭像作品給外地來的朋友看，他們都會驚喜又愉快。

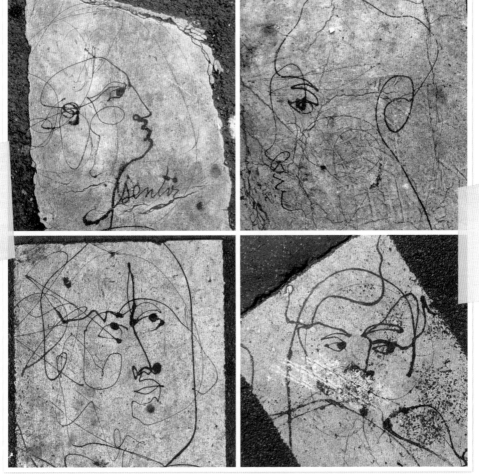

06

07

08

09

10

11

12

13

14

15

16

17

18

01

Les Piscines

02

03 夏天到了，天氣也熱了，泳池邊許多人開始有新的喜好，他
們迫不及待把包得緊緊的身體露出來，曬曬太陽。巴黎總
04 共有三十八座泳池，「拉丁區彭托游泳池」是屬於我的泳
池，它以裝飾藝術風格（art deco）建造而成，有兩個
05 夾層的獨立更衣室可以俯瞰泳池。泳池的水很溫，讓
我不禁懷疑水裡加的氯夠不夠，能不能殺死細菌？
06 但看來別人都不擔心，所以我應該也不必擔心吧。

07

08

09

10

11 大家都帶
著泳帽，默默的
12 來回游著；在這些
泳者之間，速度似乎
13 不是什麼重點。緩慢、穩定才
是這些人的信仰，我猜這就是
14 他們能夠保持年輕的祕訣。巴黎是
健康、活動自如的老人的聖地，緩慢、穩定的游泳似乎很有
15 用，再加上他們游完泳後抹在皮膚上的潤膚乳霜，這些都讓
他們活得好，一七八維持正常運作。

16

17

18

16 Tuesday Mardi

Eiffel Tower

對我來說，八月是造訪艾菲爾鐵塔的最佳時機。跟一般商店不同，熱門的觀光景點八月也會開放，不過此時連這些景點也沒什麼人。平常聚集在鐵塔伺機的扒手也都放假，我猜可能是跟著當地人一起去普羅旺斯度假了。還留在巴黎的人暫時可以從巴黎「匆促節奏」中抽離，休息一下；在八月，巴黎的排隊隊伍都很短，火車上總是有位置可坐。這時候很適合在塞納河散步、思考、在不同咖啡店之間遊蕩（而且還總是有好位置可以坐），也可以在艾菲爾鐵塔影子的陰涼處享受難得的靜謐時刻。

01
Colin Was Cursed with Company

02 平常跟我一起喝咖啡的同伴都跑去聖特羅佩（San-Tropez）

03 曬太陽了，我傳了簡訊給柯林，希望一起在大白天喝杯啤酒。我知道他一定在城裡，因為他從來不在八月度假。正當

04 所有辦公室裡的上班族都在計算假期天數、看地圖、查火車時刻表時，柯林已經老神在在的準備迎接這愉快、安靜的一

05 個月。柯林無疑是個內向的人，大批人群讓他覺得困擾又疲

06 憊。他就像隻容易受驚嚇的野生動物，還好我已經學會怎麼小心的接近他了；柯林並不是反社會人格，他只是比較喜歡

07 一次只跟一個人見面，所以在這大家都出城的日子，我們約

08 在阿薩斯路（Rue d'Assas）上菸草店後面的學院餐廳（Les Facultés），這條路的路名念起來很好笑，值得一訪。

09 喝了一些啤酒後，他開始告訴我怎麼適應、享受生活在這世界

10 上人口密度最高的城市之一。

18 Thursday Jeudi

01

02

03

來巴黎之前，柯林住在倫敦；他每天都無法擺脫人群。柯林喜歡一個人自我追尋，例如看書、彈吉他、獨自沉思；不過他還是常常受到打擾。他從事金融業，處理的是數字，而不是文字。

04

05

06

07

08

09

10

每天傍晚，柯林會到公司附近的酒吧待一下，一個人喝杯雞尾酒；剛開始，只是剛好有一個同事跟他一起搭電梯下樓，於是加入了他的雞尾酒時光，結果隔天這位同事直接跑去他桌邊等他一起下樓。沒什麼，只是剛好——這種場合柯林還可以偶爾應付一下。但是很快的，大家都知道下班後有酒局可以加入，結果開始有五個、十個人跑來一起喝酒。柯林很難直接面對這種問題，因為他很重視「和善待人」，所以他別無選擇，只能自請調職到巴黎辦公室，他希望來到這裡以後，語言可以成為他與人群之間一道有效的阻礙。他在貝爾納丹德路（Rue des Bernardins）找了一間公寓，一個安靜、靠近聖母院、位於河邊的地方，而且住在這棟建築裡的其他人通通都說法語。實在太好了。

11

12

13

14

15

16

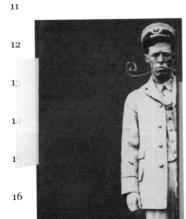

17

18

01
02
03

柯林到巴黎工作的第一天還是無法擺脫與人相處的困擾。他一個人起床、換衣服，出門前也不必跟任何人道別，他也樂在其中。他甚至還努力讓自己在街上不會巧遇任何人。

04
05

但是從他走上大主教橋（Pont de l'Archevêché）開始，問題又出現了。這座位於聖母院後方的橋上有無數的鎖，觀光客聚集於此，想在這座橋「為愛上鎖」，當地人絕對不敢也不會這麼做。一對剛把鑰匙丟進河裡的情侶叫住柯林，請他幫他們拍張照，而他也不想粗魯的拒絕對方，所以稍微換上笑容說：「好，當然沒問題。」然後幫他們拍照。「謝謝。」情侶的話音未落，他已經走掉了。

06
07
08
09
10

柯林在聖保羅地鐵站（Saint-Paul Métro）讓座給一位老太太，老太太開始跟他攀談，他安靜的點頭、不置可否。後來終於用英文說：「抱歉，我不會說法文。」沒想到老太太竟然開始對他說起英文。

11
12
13
14
15
16
17
18

01
02
柯林想在前往辦公室路上盡可能避開人群；到處都是人啊，
不過有些其實不是真人。

03
04
05
06
07
08

09
10
11
12
13
14
15
16
17
18

01

柯林剛到新的辦公室時誰也不認識，他樂見如此，也希望自己未來不必認識任何同事。偏偏事情不是這樣發展。法國人似乎每天上班的頭兩個小時都會靠在各自辦公室的門上跟對方閒聊；上個週末做了什麼？下個週末要做什麼？抱怨樓下的服務生竟敢休假去生產，來代班的人表現又不好。

02

03

04

而這些對話通常無可避免又令人無奈的一定會慢慢延伸到一起吃午餐這一步，這就代表又得花上兩個小時跟同事閒聊。柯林一開始也加入了，他知道他是新人，大家覺得很新鮮，他希望這股新鮮感可以快點褪去，這樣跟他一起吃飯的同事就會回到自己原來的小圈圈，不再找他一起吃飯；但事情沒那麼簡單。

05

06

07

08

他可以預測什麼時候會有同事跑來，靠在他的門上向他公布大家的午餐計畫，然後問他要不要加入。有時候柯林會找藉口，說他已經跟其他朋友約好了；這當然是謊話，不過謊言換來的是在好幾個街區以外，愉快、安靜的午餐時間。

09

10

11

12

13

14

15

16

17

18

01

02

03 有次他選擇告訴同事他跟醫生

有約，可惜這招對法國人不太

04 有效，因為法國人很愛聊跟醫

療有關的話題。看一次醫生可

05 以讓這個午餐團聊上一個禮

拜。後來「跟朋友先約好了」

06 這一招也引來大家的猜測，到

底是誰呢？是不是那個公關部

07 門新來的女生？她很漂亮欸

08 （Elle est belle.）。

09 想當然爾，他在法國用了「工

10 作太多沒空去吃午餐」這個藉

口勢必會遭到鄙視；沒有任何

11 一位法國的上班族會把努力工

作當作目標。其中一位同事解

12 釋：「工作不是衝刺，而是馬

13 拉松。」所以終極目標就是一

輩子都做同一項工作，這就代

14 表你得盡可能把工作拖得越久

15 越好，然後還要以悠閒緩慢的

午餐和法國紅酒做點綴。

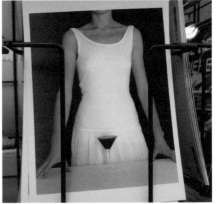

16

17

18

01
02
03
04
05

上班無法得到安寧也就算了，在家總可以安靜獨處了吧。但好景不常，有次公寓委員會開會柯林沒到，他就獲選為會長了。不過他依然接受這個職位，只因為他的公寓隔壁有一間無主的房間，他覺得如果他是公寓委員會會長，可以更輕易的使用這個房間。柯林覺得這應該不會有問題，畢竟身為委員會會長，有任何問題也該由他自己來處理，而且根本沒有人注意到那裡還有一間房間，把這房間據為己有應該不會被發現吧？

06
07
08
09
10

一張桌子、一座檯燈、書本、安靜的環境而且沒有其他人，真好。他一邊把隔壁的房間變成自己家的同時，也一邊在上班時將腦海裡打造自己的祕密基地。他幻想自己退休後在當地書店工作、在古董書部門工作，專門管理珍本書、限量書，沒人看的大部頭等等的書。沒人對這些書有興趣，所以他可以一直獨自待著。太天才了！

11
12
13
14
15
16
17

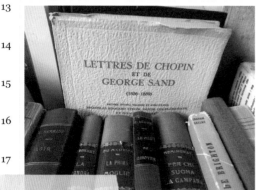

01
02
03
04
05
06
07
08
09

不過他沒有處理珍本書的資格，那是一項很細緻的專業。他自認自己迷人的英國腔還有牛津大學的學位可以唬過法國人，讓這些法國人以為他對珍本書略知一二。他絕對不會承認他拿的其實是金融和法文學位。只要他得到這個機會躲在書桌後面，以這門失落的學問作為保護，他就不必再面對停不下來的對話，所有無窮無盡的語言轟炸也都會消失。語言就像人的腳步一樣，得一步接一步，除此之外，還得聆聽、回應、跟上話題。但如果是在小書店裡的小角落，他就可以整天自己一個人窩著，沉浸在思緒裡。如果是這樣就好了，他這麼想著，如果可以這樣就好了。於是他繼續以跑馬拉松的方式慢慢工作、跟大家一起午餐也應付地鐵上的對話。但他會在對方講得口沫橫飛時靜靜點頭，讓思緒飄向他在書店的小窩裡和他公寓隔壁的祕密房間了。幸福，太幸福了。

10
11
12
13
14
15
16
17
18

29 Monday Lundi

01

「唯一能毀了你一整天的就是人類，如果你不需要跟任何人約會，每天都是無窮無盡的。」

02

——《流動的饗宴》，海明威

03

04

05

06

07

08

09

10

11

12

13

14

15

16

17

18

攝影地點：75001傅若萊街17號（17, rue de Beaujolais）

01

02

03

04

05

06

07

08

09

10

11

12

13

14

15

16

17

18

Paris Keys

房屋仲介把一大串黃銅鑰匙交給
我的時候，我還以為它可以打
開藏寶箱或城堡的門；但不
是這樣，房仲也向我保證不是
這樣，這是我的小公寓的鑰匙，
這把老古董鑰匙看起來根本不堪繼續
使用，但房仲提醒我：「老門配老鑰匙，
別把它搞丟了。」她還指著我的鼻子說：
「重新打鑰匙可是很貴的。」然後轉身就
走。這鑰匙還真的可以用，它讓我不禁思
考，巴黎有多少把鑰匙呢？每扇門上都有
鎖，每一道鎖有一把鑰匙。那有多少遺失
的鑰匙呢？有多少鑰匙沉在塞納河底？有
多少人忘了留下他們的鑰匙，直接帶著口
袋裡的鑰匙就飛回故鄉了？而八十年前把
這些鑰匙放進口袋，用同一把鑰匙開啟同
一扇門的，又有多少人呢？

真叫人難以想像。

31 Wednesday Mercredi

01
02
過去五十年來，跟我同住一條街的製鎖匠都在他位於穆浮達街（rue Mouffetard）的小店打造鑰匙。他本人還跟我誇耀這五十年來，進出自己店鋪用的都是同一把鑰匙。他也會修鞋，我就是因為要修鞋子才去店裡找他；我把鑰匙拿給他看，讓他判斷這把鑰匙到底有長的歷史：「那把鑰匙嗎？不算太舊吧，大約六、七十年左右。」

03
04

05
06
穆浮達街上的起司店可說是這條街的官方鑰匙保管者；如果有人要離開巴黎渡一個月以上的長假，家裡卻有些事情得做，他們都會把鑰匙留給起司店老闆。我不知道他怎麼能有條有理的保管這些鑰匙，鑰匙上沒有留任何紙條，沒有寫地址，也沒有名字，但他就是知道每把鑰匙的主人。

07
08

09
10
可想而知，我旅行回來時也會拉著我的行李箱去找起司店老闆。他老遠的就看見我，等我走到店門口，他已經拿出我的鑰匙在等我了。這項服務不收費，但是我保證，那天我有跟他買起司。

11

12
13
14
15
16
17
18

1 Thursday Jeudi

01

La Rentrée

02

03

04

05

06

07

08

09

10

11

12
現在大家幾乎都從八月的長假回來了，他們把這個叫做

13
「rentrée」，意思類似「開學」，不過比開學更讓人開

14
心。大家都回到工作崗位後，店主們會打掃店裡環境，把蜘
蛛網撣掉，商店再度開張。在我們這棟大樓裡，我們則是把

15
在假期間擅自跑進倉庫露營的人「請出去」。經過八月的假
期以後，彼此之間很少對話的也開始像老朋友一樣談天了。

16
跟誰一起去度假了？去了哪裡？吃了什麼？聊天內容通通圍
繞著他們的假期。

17

18

2 Friday Vendredi

01
02
03
04
05
06
07
08
09
10

11
12
13
14
15
16
17

我發現我的法語能力在九月進步最多，比一年中其他
月份的進步都大，這都得歸功於有不少聊天機會。附
近的藥師抱怨海水太冷，肉販說他覺得一個月的假實在
有點太長，還一邊伸展手臂一邊強調回來工作的感覺
真好，要勞動才能好好維持體態；這位肉販原已從自己
的肉舖退休也賣掉店舖，結果卻接了街上另一家肉舖
的工作，他太想念身體勞動的感覺，也想念他的客人。
「人需要的休息時間是有定量的。」他這麼說。我也問了魚
販去哪度假，他眨了眨眼，告訴我他去釣魚。他接著說，能
夠去度假跟能夠回來工作對他來說一樣開心。看來長假的確
可以讓人補充能量好回來繼續工作。

18

5 Monday Lundi

01

I am Popular

02
「開學」也表示我在市場裡最喜歡的兩個路人都回來了，他
們穿著互相搭配的黃褲子。看他手裡拿的購物袋，是從哪裡

03
來的？是孫子給的嗎？還是市場或超市的免費宣傳品？看到

04
這個袋子時他有沒有笑著說：「我絕對要這個。」他一直都
想受歡迎嗎？他受歡迎嗎？我搖了搖頭，充滿了疑問及感

05
謝。他跟他的伴侶從蜿蜒曲折的穆浮達街走過，年紀比較大

06
的那一位腳步有點晃。

07
我在肉鋪附近

08
一邊晃來晃去
一邊等克里斯

09
多夫，我帶
著相機，可以

10
悄悄的拍下他
們的照片。不

11
久後，我越來

12
越著迷於我那
兩位「很受歡

13
迎」的路人，
只要他們出現

14
我都會拍照。

15

16

17

18

179

01

02

16

他們到現在都還沒發現我。

17

18

7 Wednesday Mercredi *Baguettes* Week 36

01
02
03
04
05
06
07
08

我每天都會到麵包店挑選主廚親自做的長棍麵包。我從麵包的兩端（法文叫做quignon）來分辨它是不是主廚做的：主廚會把他做的長棍麵包底端剪開，變成兩個小尖角才進烤爐，麵包的尾端就會變得有點像螃蟹鉗子的兩個尖角。大約在早餐時段、午餐和晚餐之前，都會有新鮮的麵包出爐，所以客人可以買完麵包直接放上餐桌，吃的時候還有點溫溫的。但我不會等這麼久才享用，我會帶著新鮮麵包，像捧著剛拿到的獎盃一樣去找克里斯多夫，他就在隔壁烤雞。我拿長棍麵包給他，他把麵包的一端（也就是le quignon）捏下來吃，我也捏下另一端來吃，有點像在拉許願骨*。酥脆的外皮和象牙白又有嚼勁的麵包體（還有麵包屑），這真是個神聖的時刻。我跟克里斯多夫道別後就再去選購軟質起司來搭配長棍麵包，這就是法國人每天的生活。

09
10
11
12
13
14
15
16
17
18

*西方習俗，從烤雞裡取出骨頭時，兩人分執許願骨（即為禽鳥的前胸骨）的下方兩端，同時輕拉骨頭便會折斷，手中執較大塊骨頭的一方願望便會成真。

8 Thursday Jeudi

01
長棍麵包根據法國法律規定，只能包含四種材料：水、鹽、
麵粉跟酵母。你可能會以為這樣長棍麵包吃起來就都一樣
02
了，絕對不是！除了材料以外，還有烤箱的溫度、發麵團的
時間、麵包師傅的心情等因素都會讓麵包們吃起來不一樣，
03
而法國每年都會頒獎給掌握這些要點的麵包師傅。經過我的
嚴格審查，這些得獎麵包當然（bien sûr）都很棒，但是跟我
04
每天中午買的那家沒得獎的長棍麵包比並沒有出色到令我驚嘆
的地步。所以我覺得麵包出色的因素還得加上：地點、魅力、
05
附近有沒有噴泉，這些都可以為麵包加分。天氣一冷，長棍麵
包吃起來更加美味；如果能跟朋友一起坐在麵包店外面來個即
06
興野餐，把長棍麵包平放在腿上慢慢吃，吃完後拍拍衣服上的
麵包屑，就更有味道了。我現在還說不上來最好吃的到底是
07
哪一家的麵包，我還在嚐遍各種口味；橢圓形、圓形、辮子
狀、緊實、鬆軟、深棕色、淺米色，
08
各種麵包。

09

10
Miam-miam
真好吃。
11

12

13

14

15

16

17

18

9 Friday Vendredi

01
02
03
04
05
06

光賣長棍麵包是沒辦法替麵包店賺什麼大錢的，因為法國政府特別為長棍麵包定了固定價格，所以麵包店也會賣其他比較貴的麵包來維持生計。普瓦蘭麵包店賣的美味麵包上有他們獨有的標記「P」，他們的麵包裡沒有任何防腐劑，這也代表他們的麵包放到隔天就會變得跟石頭一樣硬。但是法國人從來不丟麵包，因此才會發明出麵包丁跟法式吐司的吃法。法式吐司的法文是pain perdu，依字面解釋就是「過期麵包」，也就是前一天沒吃完的麵包；我發現把普瓦蘭麵包店的過期麵包做成法式吐司也是無上美味。

07
08
09
10
11
12
13
14
15
16
17
18

Vincent van Gogh, 17 June 1876 | 21

with letter 69]

普瓦蘭麵包店（Poilâne）：75006 尋南路8號（8, rue du Cherche-Midi）

ST.APOLLINAIRE DAY

12 Monday Lundi

01

除了麵包以外，法國人也不會把書丟掉。去法國人家裡拜訪，可
以看到他們把泛黃、破舊的經典書擺滿好幾個書架，看起來像是

02

在學校念書時讀的書，他們會把這些書通通展示在書架上。

03

在法國，不管任何書商，也包括亞馬遜網路書店，都不可以用低
於九五折的價格賣書；也因此網購書籍省不了多少錢，所以大家

04

都還是偏好到實體書店買書。何必為了在網路上買書而錯過書商

05

口中的最新八卦呢？

06

塞納河邊有許多賣書的小攤，銷售舊的大部頭書；要擁有圖書館
系或相關學位的才有資格賣售這些書，而且攤位上可以販售的紀

07

念品也有限額。即使大部分的收入還是來自那些叮叮噹噹的紀念

08

飾品，巴黎的規定還是冀望這些賣書小攤能堅守賣書的角色。

09

10

11

12

13

14

15

16

17

18

13 Tuesday Mardi

01

Michel de Montaigne

02
03
04
05

1592年的今天蒙田逝世。他最知名的成就就是讓散文正式成為文學的一種文類；他的散文是史上最有影響力的文字之一，不過我個人最喜歡的是他的鞋子。在印度，半人半象的象神甘尼許是印度教掌管好運的神祇，人們摩擦他的鼻子祈求好運；在羅馬，人們則是搓揉聖彼得的腳；而在法國，他們的習慣是磨擦蒙田的鞋子。

06
07
08
09
10
11
12
13
14
15
16
17

18

保羅寶勒維廣場學院路56號（56, rue des Écoles in square Paul-Painlevé）

185

01

Pigeons of Pompidou

02
我坐在龐畢度現代藝術博物館前面廣場，突然有上千隻鴿子

03
從天而降、停留了一分鐘左右，又飛到附近的街上；牠們每
天都這樣飛過來又飛過去。對我來說，觀察牠們讓我很開

04
心，不過對照片中這位先生來說可能就不是那麼一回事了。

05

06

07

08

09

10

11

12

13

14

15

16

17

18

15 Thursday Jeudi

01
02
03
04

我跟隨鴿子，牠們帶我到一條街上，那裡有最美的老招牌。可惜店鋪裡賣的已經不是老招牌上寫的麵包、紅酒和起司了，現在換成一家帽子店在經營。這就是巴黎風格，如果招牌很可愛，他們會直接把招牌留著繼續開自己的店，然後忙著做帽子。美就是支配巴黎的力量。

05
06
07
08
09
10
11
12
13
14
15
16
17
18

01

The Pompidou

02

龐畢度美術館以喬治‧龐畢度為名，他是法國前任總統，也
因為他倡議在巴黎興建醜陋的現代建築而聞名。每當你在巴

03

黎十三區看到現代建築，或是向遠處眺望巨大的蒙納帕斯大

04

樓（Montparnasse Tower），你就會知道那是龐畢度造成的結
果；不過博物館本身其實很令人讚嘆。有一天我在那裡，守

05

衛反覆要求不準拍照的規定，但我還是想偷偷為這老電話拍

06

張照。這裡有種難以言喻的吸引力，還可以看見巴黎的美麗
景色。

07

08

09

10

11

12

13

14

15

16

17

18

75004龐畢度廣場（place Georges-Pompidou）

ST. EMILIE DAY

19 Monday Lundi

01

02

藝術家 不能毫無天分，但少了努力，
天分就什麼也不是。

——埃米爾・左拉

03

04

05

06

07

08

09

10

11

12

13

14

15

16

如果說一月有藍色的冬季色彩、五月是亮綠色調，
那代表九月的絕對就是橄欖綠。枝頭翁鬱的葉子已
經漸漸走到生命盡頭，它們正盡力展現殘存的綠
意，然後慢慢褪去翠綠的色彩，轉為琥珀色和橘
色。

17

18

20 Tuesday Mardi

01　　昨晚突然開始有點寒意，大家的穿著也隨之改變，我們又翻
　　　出外套來穿了。常春藤總是第一個換上秋裝的植物。

02

03

04

05

06

07

08

09

10

11

12

13

14

15

16

17

18

21 Wednesday Mercredi   *Week 38*

01
Secret Paris

02
巴黎充滿各種祕密基地，讓住在現代城市的人得以有逃離都
市匆忙節奏的去處。其中一個最棒的祕密基地就在巴黎老
03
佛爺百貨公司頂樓；這是一個佇立於繁忙街道上方的特殊空
間。走進巴黎老佛爺百貨公司，搭著電梯抵達頂樓，我都數
04
不清到底有幾層了，接著會看見一座樓梯，這座樓梯長得實
在太平凡又毫無特色，許多遊客會以為這座樓梯通往無法進
05
入的管制區域，因此在這裡掉頭就走，這方法真聰明！其實
走上樓梯就可以抵達屋頂了，地上有長得像人造草皮的地
06
毯、休閒椅還有在這裡休息的當地人，此外，更有可以將所
有偉大古蹟一覽無遺的絕美風景。
07

08

09

10

11

12

13

14

15

16

17

18

01

02

03

04

05

06

07

08

09

10

11

12

13

14

15

16

這裡有穿著西裝的上班族在吃沙拉；也有看起來累壞了，手上卻提著一大堆戰利品的百貨公司顧客；還有跟我一樣靜靜坐上好幾個小時，專心畫畫拍照的人，大家都在心裡暗自感謝自己竟然走運找到這個好地方。

17

18

巴黎老佛爺百貨公司：75009奧斯曼大道40號（40, boulevard Haussmann）

23 Friday Vendredi

01

The Phantom of the Opera

02

03

04

05

06

07

08

1909年的今天，法國報紙開始刊載歌劇魅影（*Le Fantôme de l'Opéra*）的一系列故事，作者是卡斯頓・勒胡（*Gaston Leroux*）。他是位法國記者，當他報導完一則歌劇院贊助人被掉落的水晶吊燈砸死的新聞後，就迷上巴黎歌劇院（*Paris Opera House*）。他發現巴黎歌劇院的地底下其實是巴黎的地下墓穴及地牢，有人在地牢裡找到人的骸骨，他從這裡得到靈感。這本美女與野獸般的連載故事後來在1910年正式成書出版，一百年後，迪士尼推出「美女與野獸」卡通，裡面的反派角色就叫卡斯頓。歌劇魅影的作者勒胡則是終身都堅信歌劇院裡的魅影真正存在。

09

10

11

12

13

14

15

16

17

18

01

Ghosts of Park Chair

02
03
04
05
06
07
08

巴黎公園的椅子大概是世界上最難坐的椅子了,但它能帶給你最令人滿足的體驗。金屬材質會刮腳,扶手似乎是為體型特別龐大的人所設計,而且椅子很重,所以把它拉過碎石地時會發出持有的摩擦噪音。但是在你雙腳痠痛或心事重重時,這些椅子似乎又有療癒的效果。你也可以從這些椅子擺放的方式會表現上一個使用者怎麼佈置它們——五張繞成一圈的椅子暗示剛剛有一群人在這兒聊天;三張擺成三角形的椅子應該是剛剛有對情侶在這裡野餐,多拖來一張椅子當桌子;兩張面對面的椅子可能是有個人坐在其中一張椅子上,用另一張椅子來放腳;這也是能舒舒服服地坐上好長一陣子,邊休息邊觀察周遭的最佳姿勢。

09
10
11
12
13
14
15
16
17
18

75006沃日拉爾路15號(15, rue de Vaugirard)

27 Tuesday Mardi

01

Vincent van Gogh

02

03
這位後期印象派的畫家曾說過：「要畫出好作品，你得吃好、住好，偶爾放縱一下自己，有自己的菸抽，還要能愜意的喝咖啡。」

04

05
奧賽美術館裡可以找到他的作品，不過他的鬼魂則是輕鬆自在的在咖啡館裡品嚐咖啡。

06

07

08

09

10

11

12

13

14

15

16

17

18

01

我今天為了在最佳位置欣賞大自然換上秋裝的模樣而沒去盧

02

森堡公園裡的咖啡店。我坐在雨棚下的時候開始下起小雨，
一陣微風吹來，成千的樹葉紛紛從枝頭跌落。落葉、雨絲和

03

微風，交織成一首最壯麗的交響樂。有一位老紳士也注意到
這幅景象，他迅速的找到位置坐下，拿起別人遺留下來的世

04

界報（Le Monde）開始閱讀。

15

突然有一陣嘈雜的舞曲聲從咖啡店裡傳出，怒氣湧上我心
頭，我立刻站起來，走向敞開的咖啡店大門，瞪了裡面的服

16

務生一眼，接著用力將門緊緊關上。正讀著世界報的老紳士
也將目光從報紙移到我身上，然後點點頭。在這雨中的壯麗

17

時刻做出這些舉動，讓我覺得自己好「法國」、好老派，或

18

是說……好帥。

01
02
03
0
05
06
07
08
09

10   我在盧森堡公園裡巡邏，看看有沒有什麼麻煩事，結果遇到
吃吃笑的孩子們。

11

30 Friday Vendredi

01

02

秋天美得讓我屏息，我睜大雙眼注視著，前一秒落葉們還只是不起眼的背景，下一秒卻變得跟花兒一樣美麗。

03

04

05

06

07

08

09

10

11

12

13

14

15

16

17

18

01
02
03
04
05
06
07
08
09
10

11

Allan Kardec's Birthday

12
13
14
15
16

1804年的今天是亞蘭・卡甸的誕辰。他以提出唯靈論（Spiritism）聞名，這是一門與逝者靈魂對話的學問，而他舉行的降神會（séances）在過去曾風靡一時；他的本名是伊波利・里昂・當尼札・以瓦利（Hippolyte Léon Denizard Rivail）。巴黎歷史悠久，所以大街上應該有成群的鬼魂四處遊蕩、觀察人性的可笑。我喜歡卡甸的原因是因為他的唯靈論可以證明我跟海明威鬼魂之間的友誼。

17

「美國的好人死後，全都去了巴黎。」

18

—— 《格雷的畫像》，奧斯卡・王爾德

ST. FRANÇOIS D'ASSISE DAY

4   Tuesday Mardi

01   巴黎的秋日混和了陰鬱及陽光。

02

03

04

05

06

07

08

09

10

11

12

13

14

15

16

17

18

5 Wednesday Mercredi

01
02
03
04
05
06
07
08
09
10
11
12
13
14
15
16
17
18

6 Thursday Jeudi

01

02

03

04

05

06

07

08

09

10

11

12

13

14

15

16

17

18

7 Friday Vendredi

Week 40

01 　我經過時，這裡的落葉構成一幅完美的畫面，隔天來了一陣
　風卻把它們全吹散了。

02

03

04

05

06

07

08

09

10

11

12

13

14

15

16

17

18

75006盧森堡公園，麥迪奇噴泉（Medici Fountain, Jardin du Luxembourg）

10 Monday Lundi   *Week 41*

01

「秋高氣爽時，生命又重新開始。」

02
　　　　　　　　　　　　——F. S. 費茲傑羅

03

04

05

06

07

08

09

10

11

12

13

14

15

16

17

18

01
02
03
04
05
06
07
08
09
10
11
12
13
14
15
16
17
18

巴黎人最喜歡的季節一定是秋天。雖然春天有盛開的花木，盛夏時光也有其魅力（冬天就不在考慮範圍內了），但是秋天就是比其他季節都好。一入秋，遊客就會減少，博物館不再是用來訓練耐心跟忍耐力的地方，再加上天氣轉涼，紅酒又可以上桌了。也不是說其他時間都不會喝紅酒，只是天氣比較暖和的時候就會在紅酒、白酒、粉紅酒之間難以抉擇。所以只要秋意染上樹梢，巴黎人就會約好一般開始喝起紅酒，然後大家就能把該做決定的心力放到其他重要事情上，例如…
用什麼起司搭配紅酒。

秋天最棒的一點其實是時裝和時尚，最新的靴子款式讓女性為之瘋狂，如果你穿上迷人的大衣，路上一定會有著迷於時尚風格的路人跑來問你大衣在哪裡買的；得到巴黎女人的讚賞是至高的榮耀。

ST. WILFRED DAY

12 Wednesday Mercredi

01

02

03

04

05

06

07

08

09

10

11

12

13

14

15

16

17 「我相信，穿著一雙好鞋可以駕馭全世界。」

18 ——貝蒂·米勒（Bette Midler）

ST. GÉRAUD DAY

13 Thursday Jeudi

01

02

「這是我在巴黎第二年的秋天。我到現在還搞不清楚自己為什麼來到這裡，我沒錢、沒有任何資源、也沒有希望，但我是世界上最快樂的男人。一年前，六個月前，我認為我是藝術家，我現在不再這麼『認為』了，現在的我就是藝術家。」

03

—— 亨利·米勒（Henry Miller）

04

05

06

07

08

09

10

11

12

13

14

15

16

17

18

14 Friday Vendredi

01

這個週末是奧斯卡‧王爾德誕辰，他是言詞潑辣幽默的知名

02

作家。我會說他的生日是這週末，是因為在他逝世的公寓門口的告示牌就寫著：王爾德於1856年10月15日誕生，但是

03

他在拉雪茲神父公墓裡的墓碑上卻寫他的生日是1856年10月16日。在歷史方面犯錯不太像是法國人的風格，然而沒人

04

急著去改正這些日期，所以我就把這件事一起算進巴黎的怪

05

奇小事裡了。

06

07

08

09

10

11

12

13

14

15

王爾德死於阿薩爾斯酒店（Hôtel d'Alsace），地址是75006高等美術路13號（13, rue des Beaux Arts）。躺在床上迎接

16

死亡時他說：「我還死不起啊。」

17

王爾德影響了我，所以我把日記本隨身帶著，「我旅行時一

18

定會隨身帶著日記，一個人坐火車時身上不能沒有動人的讀物。」他這麼說。

01

Paris Artists

02

03 除了日記本之外，我也隨身攜帶相機，天知道什麼時候身邊
會突然出現動人的畫面。巴黎很善待那些懂得欣賞她的美的
04 人，有些街道我已走過上百遍卻從未出現令人心動的畫面，
突然一道陽光從某個角度灑落，那些尋常平凡的事物馬上變
05 得輝煌閃耀。

06

16

17 　　我可以拍攝到那些畫面是因為我完全遵守攝影的頭號守則：
你帶在身邊的那台相機就是最好的相機。

18

01

02 只要相機出現一
點點問題，它就
03 會被留在家裡。
巴黎是個充滿遊
04 客的地方，所以
我常看到有人在
05 旅途的第一天帶
著昂貴的相機出
06 門，不過因為這
些相機太笨重，
07 操作又複雜，或
其他種種原因而
08 導致他們選擇
把相機留在飯店
09 裡，反而用手機
10 拍照，這樣他們
可以簡單、快速
11 的更新社群軟
體，在上面盡情
12 展現自己美好的
一面。而他們帶
13 來的新相機則是
獨自留在飯店房
14 間裡，靜靜看著
飯店服務生整理
15 床鋪。

16

17

18

19 Wednesday Mercredi

01
02
03
04

在成為藝術家的道路上散落著各式各樣閒置的美術工具。一回神,我已經累積了一大堆紙材、筆、顏料、郵票,甚至是相機。太複雜、太黏、太厚、太薄、太硬或太軟,都是放著它們不用的理由。隨著時間過去,我開始學會辨別自己需要什麼、不需要什麼;如果得把所有工具都留在家裡,我只要隨身帶著我的水彩組、兩隻小畫筆還有小相機就夠了

05
06
07
08
09
10
11
12
13
14
15
16
17
18

01

02　買相機時，我會選擇體積最小、鏡頭最好的相機；然後有耐
心的熟悉它。新相機可以在幾個快門之間就擊潰你的信心；

03　我買新相機的第一個禮拜，一直玩那些花俏的按鈕跟轉盤，
卻不斷拍出一張比一張糟糕的照片。充滿挫折的我在第二週

04　開始使用自動模式拍照，拍出來的照片好看多了。

05

06

07

08

09

10

11

12

13

14

15

16　有時候訣竅是在尋找和出色的背景互相搭配的有趣人事物；
就像下面這張照片裡的人，她的衣服和帽子上的緞帶正好跟

17　腳踏車的配色一樣。

18

21 Friday Vendredi

我再訪盧森堡公園，想盡可能用相機和水彩畫捕捉秋天景色，秋天帶來的改變在短短一周之間就可以讓這座公園看起來截然不同，所以多去幾次一定會有豐富的成果。通常清潔人員會清掃所有長凳、椅子還有每一寸草地，所以公園看起來總是一塵不染，唯一例外便是秋天；這時他們會讓所有落葉留在公園地上，像一張毯子緊緊裹住整座公園，讓大家可以欣賞完整的秋日風光，這時候他們的舉動最優雅溫柔。

他們不會用機器鏟落葉，也不會發出噪音把落葉吹成一堆而打擾到像我這樣閒適散步的人，他們選擇靜靜的將落葉耙起來，慢慢將它們聚集成一堆。

24 Monday Lundi

Twenty Queens of France

盧森堡公園裡有個二十座雕像的系列，它們都是法國皇后。

以下幾位著名皇后守護著這座公園：

安妮皇后（Anne of France）是十五世紀晚期最有權勢的女人，並獲稱為「太后（Madame la Grande）」。

另一位則是安娜·瑪麗·路易絲·德·奧爾良（Anne Marie Louise d'Orléans），她以「大郡主（La Grande Mademoiselle）」聞名於世。她追求為愛而結合的婚姻，然而因為她的父母不同意所以她選擇不婚。還有勃艮第的伯莎（Bertha of Burgundy）也想跟一個不被允許通婚的對象結婚，她會被阻止是因為對方是她的表親，他們之間的親屬關係太接近了，畢竟沒人想造成哈布斯堡領凸（Hapsburg chin）*的局面。

*哈布斯堡（Hapsburg）家族多為歐洲皇室成員，因普遍近親通婚而使後代產生領凸（戽斗）的臉部畸形。

25 Tuesday Mardi

01

伯莎是和平王康拉德的女兒；瓦倫蒂娜‧維斯康蒂是好人約

02

翰——約翰二世的女兒；布列塔尼的安妮讓布列塔尼與法
國統一，布列塔尼奶油餅乾、布列塔尼酥餅都來自那裡，能

03

吃到這些東西該感謝安妮。普羅旺斯的瑪格麗特是路易九
世的皇后，最驚人的是她的家世，她的三個妹妹各成為英格

04

蘭皇后、德國皇后、西西里皇后。而我們得感謝瑪麗‧德‧

05

麥迪奇（Marie de' Medici），盧森堡公園在她的統治下建
成，我們才能在這裡看著這些法國皇室成員的雕像，玩猜猜

06

我是誰的遊戲。

07

08

09

10

11

12

13

14

15

16

17

18

自由女神不是皇后，但是盧森堡公園裡也有她的雕像。

01

Alimentation Générale

02

巴黎到處都可以看到連鎖小店——食品雜貨店（Alimentation Générale）的蹤影；如果半夜想吃點東西，例如家裡來自美國的朋友想吃洋芋片配沾醬，有食品雜貨店就非常方便。食品雜貨店的店員通常都穿著綠色工作服，這些小雜貨店因為電影「艾蜜莉的異想世界（Amélie）」而廣為人知，在電影裡，艾蜜莉跟蒙馬特的食品雜貨店男店員成為朋友；電影裡的那家店實際位於75018三兄弟街56號（56, rue des Trois Frères）

03

04

05

06

07

08

09

10

11

12

13

14

15

16

17

18

27 Thursday Jeudi *Week 43*

01

一到十月，市場上開始出現各式各樣的蔬果。十月是一年中唯一有不同季節蔬果混雜出現的季節，有夏季的深紅番茄、秋天的蘑菇，還有為迎接冬天而進口的柑橘。

02

03

在我住的那條街上，有位雜貨老闆總是把他賣的水果堆成小金字塔，但他總是一臉無聊又很悲慘的樣子，所以我比較喜歡跟街尾的另一位老闆買蔬果，他都直接把水果一堆堆撒在攤子上，看起來是名副其實的大豐收，而且臉上總是帶著微笑。

04

05

06

07

08

09

10

11

12

13

14

15

16

17

18

01

02

有些小雜貨店還提供送貨服務，所以我有時候會在信箱裡或門上看到通知，告訴我貨品已經送到某家雜貨店。有時候包裹也會直接送到附近的精品眼鏡店或巧克力店寄放，我猜是店家讓更多人上門光顧的方法；剛開始我覺得帶著通知單走進人家店裡很奇怪，但是我的包裹就在那裏，而且店員還帶著友善的笑容從櫃檯後面把包裹拿給我。

03

04

05

06

07

08

09

隨著秋天瓜熟葉紅，還有顏色明亮的柑橘水果，毫無疑問，十月的主色調就是橘色。

10

11

12

13

14

15

16

17

18

31 Monday Lundi   *Week 44*

01

樹梢上最後一片葉子也悄悄落下。我們把脖子上的圍巾圍得
更緊，拉上外套拉鍊，準備過冬。

02

03

04

05

06

07

08

09

10

11

12

13

14

15

16

17

18

路易・阿拉貢廣場（place Louis Aragon）
75004聖路易島波旁碼頭47號（47, quai de Bourbon, Île Saint-Louis）

1 Tuesday Mardi

01
02
03
04
05
06
07
08
09
10
11
12
13
14
15
16
17
18

百天明顯變短了，接近傍晚路燈就會亮起，整個城市也散發出一股幽暗的光芒。在一年中的其他月份這股光芒很珍貴，但是在十一月這就代表我們要逐漸進入黑暗的季節了。此時枝頭光禿禿的已經沒有樹葉了，因此更能看清建築的細節，這倒是寒冷季節裡的些微優點。

2 Wednesday Mercredi

01

02

第一陣寒意入侵巴黎後，街道也變得冷冷清清，大家都窩在家裡避寒，不過等到慢慢習慣必須戴著手套和厚圍巾的天氣之後，我們又出門探險了，還把附近的餐酒館當作另一個家。

03

04

05

06

07

08

09

10

11

12

13

14

15

餐廳的菜單也會隨季節變化，卡酥來砂鍋（cassoulet）、拉可雷特起司（raclette）、起司火鍋（fondue）是這時候的特別餐點，可以為大家提振精神；再搭配聖艾米利翁（Saint-Émilion）紅酒佐餐，就是可以好好犒賞自己的大餐。如果要冬眠，巴黎是個好去處。

16

17

18

3 Thursday Jeudi

Week 44

City of Light

有些人說巴黎會被稱為光之城是因為它是文化和學習啟蒙思想的發源地，光之城的法文翻譯是Ville Lumière，意思是「啟蒙之城」。另一個說法則是因為巴黎很早就設置路燈。

01
02
03
04
05
06
07
08
09
10
11
12
13
14

1900年，光之城巴黎在他們主辦的世界博覽會上用盛大的方式「開燈」，世界博覽會的用意是紀念過去幾個世紀的成就，並展示未來的發展，電之宮（Palace of Electricity）由超過五千盞燈點亮，使全世界為之驚艷，不久，世界上的各大城市也開始全城設置路燈。

15
16
17
18

4   Friday Vendredi   *Week 44*

01

02

03

04

05

06

07

08

09

10

11

12

13

14

15

16

17

18

7 Monday Lundi   Week 45

01

Marie Curie's Birthday

02

03
　　1867年的今天，這位改變醫學課程的科學家誕生了，她的名字是瑪麗亞・斯克沃多夫斯卡（Marie Skłodowska），但大部分的人都稱她為瑪麗・居禮。

04

05
　　「我只想要一張瑪麗・居禮的明信片」，這是我一位從波蘭來的親戚到巴黎過週末時的唯一要求。一般人的要求都

06
很簡單：參觀艾菲爾鐵塔，在公園野餐，還有去看大家都喜歡的蒙娜麗莎的微笑。然而我走遍了巴黎各處，就是沒找到

07
瑪麗・居禮的明信片。簡而言之，瑪麗・居禮是因為在波蘭無法學習物理和化學知識而來到巴黎追求知識的女性，在她

08
和皮耶・居禮結婚後，大部分的婚姻生活都在操作顯微鏡和試管之間度過。多浪漫啊！（Quelle romantique!）

09

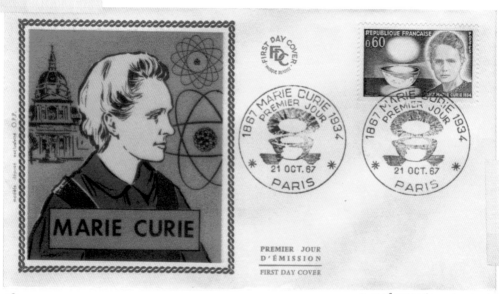

18
　　　　　　　　　　　　　　居里博物館（Musée Curie）
75005皮耶與瑪麗・居禮路1號（1, rue Pierre et Marie Curie）

01

Marie Curie Cheat Sheet

02 　＊ 發現鐳（radium）和釙（polonium），釙命名自波蘭（Poland）

03 　＊ 放射性研究先驅

04 　＊ 第一位女性諾貝爾獎得主

05 　＊ 第一位獲得兩座諾貝爾獎的女性得主，包括諾貝爾物理獎及化學獎。

06 　＊ 第一位從法國大學獲得博士學位的女性

07 　＊ 第一位索邦大學的女性教授

08 　＊ 開拓癌症放射線治療的領域

09 　＊ 她的研究使X光得以在醫學領域裡運用

10 　＊ 由於長期暴露在鐳元素

11 　　下，她罹患白血病，於1934年逝世

12 　＊ 長眠於萬神殿（Pantheon），

13 　　身邊都是其他偉大的思想家

14 　＊ 過世後，她的實驗室一

15 　　樓就開設了居禮博物館

16 　＊ 在這座博物館裡可以買到瑪麗・居禮的明信片

17 　　謝天謝地！

place du Panthéon, 75005

18 .

01
02
03
04
05
06
07
08
09
10

然而跟想要去凱旋門參觀的要求比起來，尋找瑪麗・居禮的
明信片令人愉快多了；總是會有人來到巴黎就堅持一定要在
凱旋門的影子下吃可麗餅，當地人聽到這種要求都會遲疑一
下，因為大家都知道現實情況跟充滿粉紅泡泡的想像是截然
不同的。遊客心目中想像的是安靜的大道、濃密的樹蔭；他
們想靜靜看路人走過、想沐浴在陽光下，還想在典雅的咖啡
館聽服務生口中帶有法國口音的英文、享受服務。現實卻是
不斷吵嚷的混亂交通，車聲、喇叭聲此起彼落，還有一群又
一群的遊客搖搖擺擺走過，口中一邊抱怨腳起了水泡、又痠
又痛。

10 Thursday Jeudi

01

02 以歐元計價販售的可麗餅比較貴，當你在腦子裡轉換匯率後

03 就會開始後悔買了它；即便如此，頑固的遊客們依然堅持不

為所動，那我就不阻止你了。擠進露台上的擁擠座位後，望

04 過一片人群，眼光直落在凱旋門上，凱旋門真是一座令人印

象深刻的戰爭紀念建築。你的嘴角不禁揚起一抹微笑，感覺

05 此情此景真是再完美不過。此時此刻的凱旋門下，也正發生

06 著一場不一樣卻比較令人喜歡的「戰爭」。

07

08

吃完世界上最
昂貴的薄煎餅
補充體力後，
你可以走到凱
旋門向陽光的
那一面的大道
中間，擺出手
勢，假裝在這
世上最混亂的
路口攔車，然
後走向路面下
的隧道，更靠
近一點參觀凱
旋門。

01

Arc de Triomphe
Fast Facts

02

03

04

05

06

* 是拿破崙為他的軍隊所建造

07

* 當時拿破崙和他的軍隊征服了大部分的歐洲國家，大家都
   認為他們所向無敵

08

* 拿破崙向他的士兵們保證將會穿過凱旋門返鄉

09

* 這座凱旋門本為紀念戰爭勝利而建，內壁雕刻了戰爭勝利
   的情景

10

* 將軍們的名字也刻在凱旋門內壁，名字底下有畫線的是在
   戰役中戰死的將軍

11

* 普法戰爭時，德軍也從凱旋門下穿過

12

* 二次世界大戰時納粹軍隊也一樣如法炮製

13

* 拿破崙在凱旋門建好以前就過世了，不過他的遺體在運送
   到他最後的長眠之處——軍事博物館途中特別穿過凱旋門

14

* 1923年11月11日，用來紀念戰爭中的無名士兵的焰火在
   凱旋門底下熊熊燃起，此後每天傍晚都會重新點燃，以茲
   紀念

15

16

17

18

14 Monday Lundi

昨天是2015
巴黎恐怖攻
擊滿一周年
的日子。

13

14

15

16

17

18

「親愛的，在恨意之中，我發現，我心裡有所向無敵的愛；在淚水之中，我發現，我心裡有所向披靡的笑容；在混亂之中，我發現，我心中有無法擊潰的平靜。經過這一切，我終於明白……在寒冬之中，我發現，我心底有不盡的夏日；而這令我快樂，因為這代表不論世界如何傷害我、打擊我，在我心中，一直都有一股更強大的，更美好的反擊力量。」

——阿爾貝‧卡繆

01

我約朋友出來喝咖啡、吃晚餐，大家聚在一起，靠近彼此輕

聲談話；為了釋放心裡的創傷，他們會告訴我巴黎遭襲的那

02

一晚他們各自發生了什麼事。事情發生以後還會不斷在腦子

裡重複播放那些畫面，這就是創傷；把這些傷痛從內心抽離

03

的方法就是好好談談這些經驗。所以我靜靜坐著傾聽，有時

候我們會轉而談論別的話題，然後又講回這件事，再接著聊

04

別的事，就這樣不斷重複，直到忘記提過的那些傷痛。

05

06

07

08

09

10

11

12

13

14

15

16

17

18

01
Destruction des Animaux Nuisibles

02
03
04
05
說到害獸…這裡是電影《料理鼠王》中出現過的場景，而這家店也是真實存在的店鋪，這裡很適合那些被迫近距離接觸害蟲害獸的人；滅絕害獸店於1872年開張，店名簡單明瞭也名符其實，店裡有各式各樣的毒藥跟裝置供大家消滅家裡最不受歡迎的「客人」

15
16
找住的地方有老鼠，白天通常都看不到牠們的蹤影，但是我常聽到牠們在牆後面走動、又抓又找，就像《洩密的心》一樣，那聲音始終縈繞不散。

17
「保持清醒理智的痛苦，令我瘋狂。」———愛倫·坡

18

17 Thursday Jeudi

Week 46

01

Beaujolais Nouveau Day

02

03

今天要為今年釀出的第一批新酒慶祝！薄酒萊不像一般紅酒越陳越香，而是得早早喝掉，這天還有比賽看誰能最早把第一瓶酒帶到巴黎。各家餐酒館、酒吧都掛著氣球，上面寫著「薄酒萊來了！」

04

（*Le Beaujolais nouveau est arrivé!*）

05

06

07

08

09

10

11

12

13

14

15

16

17

攝影地點：
75005穆浮達街104號
（104, rue Mouffetard）

18

18 Friday Vendredi

01
02
03
04
05
06
07
08
09
10
11
12
13
14
15
16
17
18

沒人會錯過慶祝新酒的大日子，我跟朋友一起到酒吧參加這一年一度的活動。老實說，我們都不太喜歡薄酒萊，畢竟這酒還很年輕，即便是以我那不太靈光的味蕾都覺得不好入喉；不過在喝完第一杯以後，我們各自點了自己真正想喝的酒，這才是今天的重點。

21 Monday Lundi

01
02

現在每天下午四點半天就黑了，這幾天是一年中黑夜最長的日子，如果得幫十一月的傍晚選個色調，一定是黑與白。

03
04
05
06
07
08
09
10
11
12
13
14
15
16
17
18

- TATIN DE TOMATE, courgette et oignon.

- CAPPUCCINO de potimarron aux langoustines, chantilly aux épices.

- MOELLEUX mozzarella, chorizo et épinard.

- TERRINE DE CHEVREUIL et jambon Serrano.

- LINGUINE au aubergine, tomate cerise, mozzarella DI·BUFALA et basilic.

- JOUE DE BOEUF BRAISÉ, purée de pomme de terre et flan de carottes.

- CIVET DE CHEVREUIL, pomme vapeur et petit légumes.

- FILET DE ROUGET, risotto crémeux et légumes du soleil.

- CLAFOUTIS DE REINE CLAUDE. 6€
- PAIN PERDU aux figues et son sorbet. 6€
- TIRAMISU à la confiture de lait. 7€
- MI·CUIT AU CHOCOLAT, passion et sorbet citron vert.

22 Tuesday Mardi

01
02
03

有時候看著菜單，會突然發現自己竟然每個字都看得懂，這
時會想，自己的法文終於有所進步，於是在腦海裡拍拍自己
的背；後來才驚覺，菜單上的文字其實是英文，這時又覺得
對自己的法語沒什麼信心了。

04

d salmon club sandwich

RE & CARPACCIO

05

tartare, asian flavour

06

b's tartare, french fries and green salad

beef tartare, french fries and green salad

07

Italian Tartar

ERS

08

burger, french fries

09

n burger (mozzarella, roquette salad, tomato)

burger

10

cheeseburger

11

ian burger

12

cheeseburger, french fries

13

n breast with risotto and mushrooms

14

iccata pasta gratin with parmesan

with foie gras and duck fillet

15

s entrecôte 240gr with french fries

16

f beef, pepper sauce and green beans

17

re tuna steak. half baked sauce vierge

18

cooked skin-side

法國人承認他們寫字寫得很糟糕，但他們說那是因為學校沒教印刷體，他們只學了書寫體；這點我個人倒是不太敢確定。

24 Thursday Jeudi

01

Typique French Ladies

02

03

想要複製法式風格沒那麼簡單，因為巴黎街頭有各種風格的
法國女人。照片裡的兩位法國女性都要出門購物、她們都會
帶著溫暖的長棍麵包回家；她們也都會在邊準備晚餐時邊喝
紅酒，可能也都會看看新聞，所以，即便她們的外表看起來
大不相同，其實，她們還滿像的。

04

05

06

07

08

09

10

11

12

13

14

15

16

17

18

25 Friday Vendredi   *Week 47*

01

小時候我總夢想擁有一座旋轉樓梯。因為旋轉樓梯能為房子
添加優雅又奇妙的風情。我剛到巴黎時，很快就發現自己來

02

到了一座到處都是旋轉樓梯的城市。因為空間狹小，旋轉樓

03

梯成了巴黎建築的可行之道，而這些樓梯也正是巴黎人長壽
的秘密。

04

05

06

07

08

09

10

11

12

13

14

15

16

17

18

28 Monday Lundi

01

巴黎沒什麼太陽，即便是正午也一樣。日子過得無聲無息，米黃色調帶著一些冬日的藍，但並不讓人覺得憂鬱，不過二

02

月的時候除外。十一月的灰暗色調很有詩意，如果你喜歡像詩人一樣沉思，十一月的巴黎就是專屬於你的時光。法國人

03

是群陰鬱的傢伙，十一月跟他們的脾氣完美吻合。

04

05

06

07

08

09

10

11

12

13

14

15

16

17

18

29 Tuesday Mardi

01
02
03
04
05
06
07
08
09
10
11
12
13
14
15
16
17
18

寒流來襲的第一晚大家都會待在家裡，我們還沒準備好過冬，大家因寒冷而卻步。餐酒館裡空蕩蕩的，原本計畫好的派對沒開成，有點悲傷。我晚上躲在家裡避寒，看了法國版的「家庭大對抗（Family Feud）」，電視上問的問題是：「你在冬天會做什麼夏天絕對不會做的事？」最多人的回答是「滑雪」，不錯，蠻有道理的；而第二多人的回答則是「請客人吃起司火鍋」。毫無疑問，你絕對不會在列的季節端起司火鍋上桌，這可不是好的待客之道，而且像個徹頭徹尾的傻瓜，起司火鍋是冬天專屬的料理。好了，這些訊息足夠讓我願意出門了，我們從各自的小公寓出門到街上找起司火鍋享用，畢竟，現在吃正是時候嘛。起司火鍋一般是以融化的起司再加上酒做成的，拿麵包和馬鈴薯沾起司吃。又沾又吃了幾個小時，我們肚子裡裝得滿滿的，一路把自己拖回公寓。我想大概直到下一個冬天我們才會想再吃起司火鍋了

30 Wednesday Mercredi

01
02
03
04
05
06
07
08
09
10
11
12
13
14

15
16
17
18

「法國有兩件事是我們隨著年紀增長而越來越重視的
——智慧和良好的禮儀。」

——F. S. 費茲傑羅

01
Christmas Markets

02
十二月的巴黎相當迷人，城市各處都有聖誕市集，販賣各式
各樣的東西，從熱巧克力到吹製的玻璃飾品都有，閃閃發亮
03
的裝飾燈在一夜之間通通都掛出來了。寒冷又清新的傍晚，
04
我散著長長的步，看著蔚藍的天空漸漸被黑暗吞沒，而一個
又一個的小燈泡開始亮起來；有些街道上用燈飾串成頂棚、
05
傾瀉而下，吸引購物的人走進店裡。

06

07

08

09

10

11

12

13

14

15

16

17

18

2 Friday Vendredi

01

我不太懂巴黎的聖誕飾品,他們有
經典的胡桃鉗士兵跟芭蕾舞伶,這

02

些都非常有聖誕氣息,但他們也有
實在看不出跟這節日有什麼關

03

聯性的裝飾品。

04

法國人很迷鯉魚,所以喜

05

歡把這種魚掛在聖誕樹

06

上。難道這是一種「
耶穌用魚餵飽整個村

07

莊」的暗示?還是
因為魚跟聖誕大餐

08

稍微有一點點關

09

聯?不過一般來
說大家聖誕節好

10

像都是吃羔羊或
是鵝肉。還是他們

11

只是單純喜歡魚鱗
在燈光下閃閃發

12

亮的樣子?

13

誰知道呢?

14

15

16

17

18

Père Noël?

到處都可見到聖誕老人。今天我在小神父路2號（2, rue des Petits-Pères）看見聖誕老人，有兩個大鬍子老人雕像在這棟建築的大門側翼上。這裡曾經是一座修道院，法國大革命關閉修道院後，這裡就改為市政府。後來這裡又被用作兵營，然後是銀行，現在，它是一座辦公大樓。隨著時光流逝，這兩個小老頭都看在眼裡，他們等著、看著，迎接未來。

6 Tuesday Mardi   *Week 49*

01 *Saint Nicolas?*

02

03

04

05

06

07

08

09

10

11

12

13 經過一整年的忙碌，一到十二月我通常會覺得格外疲憊；雖
然腦袋瓜還是轉個不停，但身體實在累到不行。所以當我看
14 到聖誕老人在冬天珍貴的陽光下小憩一番、啜飲咖啡時，我
終於明白我得在充滿幹勁跟懶惰之間找到平衡。雖然現在是
15 十二月，是聖誕老人的大忙季，但他還是可以找到空檔到咖
啡館坐坐、曬曬太陽，他也有可能是在百忙之中趁空溜出來
16 喝杯咖啡，慶祝他的命名日。

17

18

7 Wednesday Mercredi

01

02

03

04

香榭麗舍大道上的聖誕市集架起了
溜冰場，我研究了幾天後，結論是場地沒

05

達到我的標準，它實在太長又太窄了，這也代表
溜到底端後一定得慢下來。而且中間還擺了共約180

06

公分長的植栽來裝飾溜冰場，難道法國人不知道這樣在溜
冰場中間練習轉圈時很礙事嗎？來自北方國家的人對於溜冰

07

場都有一種自傲，千萬別跟我們爭論，這是我們與生俱來的

08

權利。這事沒得商量，除非，你的溜冰場達到我們的標準，
不然就只能承受我們這些北方人的沉默和輕蔑了。

09

所以當克里斯多夫跟我去聖誕市集時，他說他想去溜冰，

10

我心裡滿是遲疑，拜託，那小小的場地連讓夠
好的磨冰機每小時清理一次冰面都不夠。

11

哼！我問克里斯多夫會不會溜冰…

12

「不會，不過走吧！」

13

總是會有這種時刻，這種光榮時刻，

14

你跟一個人在一起，但是他們不知道
你有多棒。我是說，他們知道你很棒

15

很優秀，但他們還是有所不知。

16

17

18

8 Thursday Jeudi

01 所以在他踏上溜冰場，遲疑的扶著欄杆
時，我一腳越過他身邊，然後一跳。我

02 的速度快得像我的溜冰鞋上綁了火箭，
然後我在狹窄的溜冰場底端做了幾個剪

03 冰（crosscuts）動作，突然一個轉彎，
然後又快速溜回來，在溜冰場底端遇到

04 裝飾植栽時，我抓住它、一轉身、再溜

05 一圈。也許這就是放植栽在那裡的原因
吧，這樣我就不必慢下速度了。溜回克

06 里斯多夫身邊時，我還一邊跟他講話一

07 邊倒著溜。

08 唯一溜得比我好的人大概就是裁判了
吧，說真的，如果是在奧運會上，我

09 絕對是緊接在他之後的第二名。

10 各位，我們這裡說的可是奧運
銀牌喔。第三名大

11 概會由來自明尼蘇

12 達的情侶奪得，畢竟他
們也有超長的冬天，但我的

13 銀牌可是得來不易。

14 在家鄉，我這本事沒什麼好炫耀
的，不過來到巴黎，讓我穿上溜冰

15 鞋就像明星一樣耀眼。

16

17

18

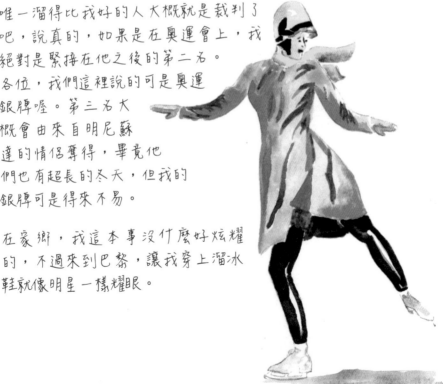

9 Friday Vendredi

01

The Crêpe Guy

02

03

他們是在巴黎默默無聞的手部模特兒。看這些傢伙把麵粉糊倒上平底煎鍋，用小鏟子把麵粉糊抹平，再用巧妙的手法將麵皮翻面之後加料。

04

05

06

07

08

可麗餅是一種料理快速、新鮮又好吃的薄煎餅，裡面可以夾任何你會拿來夾三明治或塞在歐姆蛋裡的餡料。巴黎有兩種可麗餅店：坐著吃的餐廳和站著品嚐的路邊小攤。餐廳端出的可麗餅通常非常精緻，而且會有很豪華的餡料，例如白蘆筍和法式佰那西醬汁（Béarnaise sauce）；路邊的小攤販沒那麼細致優雅，但有時候你就是想吃那種只加了蛋、蘑菇和起司的可麗餅，而且你希望它快點做好才能快點享用。

12 Monday Lundi

01 我對巴黎的第一段記憶就是我第一次嘗到可麗餅的經驗。那
02 是一個寒冷的冬日，我站在第六區聖日耳曼德佩區（Saint-
Germain-des-Prés）裡一條如畫般古色古香的街道上，我點
03 了一個Nutella巧克力醬口味的可麗餅，拿在手裡的可麗餅好
溫暖，而巧克力醬則因可麗餅的溫度融化在餅皮的摺縫之
04 間。這是我嘗過最美味、彷彿讓我置身天堂的食物，在品嚐
那個可麗餅的當下，我覺得我是世上最幸運的女孩。

05
這幾天我都去跟同一個攤販買可麗餅，他比別的攤子多了一
06 味更好吃的神祕醬料，實在很難不因此而對他的可麗餅死心
07 塌地。我喜歡一種搭著火腿跟蘑菇吃的辣味美乃滋，而且這
位攤販的母語也不是法語，所以我們可以在煎鍋吱吱作響所
08 冒出的氳氳蒸氣之間慢慢的講法文。

09
10
11
12
13
14
15
16
17
18

13 Tuesday Mardi

01　開始有許多人離城去過節了。不過這次不像八月那樣大規模出
02　走，許多人還是待在巴黎，因為他們的家人就住在附近，或是
　　只需要經過短短的火車路程就能抵達，不過機場還是一樣繁
03　忙。其中一項最吸引人的觀光景點是大部分人都沒注意到的：
　　大多數歐陸機場的易捷航空（EasyJet）登機門都有設置的登
04　機行李量測台。易捷航空是一家廉價航空公司，他們的登機
　　行李大小規定非常嚴格，此外，如果你沒事先上網付費託運行
05　李且未通過行李測量台的測試，到時候你就得在登機門付費託
　　運。首先，票務人員會從行李的行列中拉出一個個有問題的登
06　機行李，我們這些行李沒被挑出來的人就站在一邊鬆口氣，慶
07　幸不是自己。你跟自己的羞恥心得鼓起勇氣走向行李量測台，
　　行李的大小必須可以輕鬆滑進量測的格子裡才算通過，那格子
08　的大小剛好就是登機行李限制的最大值。

09

01　我們在旁邊眼看著同行旅客們努力把行李塞進測量的格子
裡，就像灰姑娘的姊姊一樣，希望行李能神奇的自動縮小、
02　符合測量台的規格，卻徒勞無功。沒人想在另一端的行李提
領區等待，太可怕了，這些人無法相信他們的行李大小竟然
03　不合格，標籤上明明就說這行李箱是大部分航空公司規定的
登機行李大小。
04

05　沒錯，但是它說的是「大部分」，不
是「全部」。徒勞無功的一串串的
06　汗珠落在他們的背上，這時，剛好
有個灰姑娘一邊帶著她的隨身行李一
07　邊走過，沒想到她的行李竟然被拉出
來說有問題。這位灰姑娘點點頭，微
08　笑著，輕輕鬆鬆就把她的行李滑進測
量台。很明顯她很懂這些規矩，她完
09　全知道該怎麼做；而那一群被行李打
敗的人站在一旁，手裡拿著是另行提
10　取的單子，他們目瞪口呆的看著灰姑
11　娘，一邊看她緩步走上飛機，也同時
在心裡默默記住下次該怎麼做。
12

13

14

15

16

17

18

15 Thursday Jeudi

01

Gustave Eiffel's Birthday

02
03

1832年的這一天，居斯塔夫・艾菲爾誕生了。他這一生還打造了自由女神像的內部結構、布達佩斯的一個火車站和一座橋，還有巴黎那個黑黑的紀念塔。

04
05
06
07
08
09
10
11
12
13
14
15
16
17
18

16 Friday Vendredi   *Week 50*

01

Eiffel Tower Fast Facts

02

03 ＊ 為1889年的巴黎世界
博覽會建造而成，原本
04 計畫結束後拆除。

＊ 多虧無線電的出現，
05 艾菲爾鐵塔因此保留
下來，成為一根巨大
06 的天線。

07 ＊ 希特勒來參觀艾菲爾
鐵塔時，有人把電線
08 剪斷，所以希特勒得
爬1665階階梯。
09

10

11

12 ＊ 塔身是以三種不同的棕色漆成，底部顏色較暗，頂部顏色較
亮，形成整座塔比實際要高的錯覺。

13 ＊ 整座塔的漆料跟十隻大象一樣重。

14 ＊ 剛開始時巴黎人都很反對建造艾菲爾鐵塔，他們覺得這座塔
15 既無用又長得像怪獸一樣可怕。

16 ＊ 陰天時只要在塔上待得夠久，就可以拍到長得像動物的雲。

17

18

253

19 Monday Lundi   *Week 51*

01

要幫這座世界知名的建築物拍出獨一無二的照片可不容易，
我每次都試著拍出特別的照片，但是一上網搜尋，就會發現
我的照片不只不特別，根本都跟別人一樣。唉。

02

03

旋轉木馬又回來了，在巴黎各處旋轉著。巴黎有三十五座旋
轉木馬全年都在城裡，還有另外二十座是某些時候才會出
現。街頭藝術博物館（Musée des Arts Forains）展示一系列
的老旋轉木馬，還有其他嘉年華會出現的東西，包括一座以
人力踩動的旋轉木馬；這座博物館會在聖誕節開放。過去輝
煌的時代裡，旋轉木馬會一再重新上漆，好讓它的外表看起
來依然活潑，現在博物館則是細膩的修復重組這些老件。

04

05

06

07

08

09

10

11

12

13

14

15

16

17

18

20 Tuesday Mardi

01

Le Bon Marché Rive Gauche

02

居斯塔夫・艾菲爾的作品還包括重新設計巴黎最大的百貨公

03

司之一——樂蓬馬歇百貨公司，這家百貨公司從一到十二
月都是感受佳節樂趣的熱門去處。光是他們的紙製品就很值

04

得一訪。另外，如果肚子餓了，百貨公司裡還有富麗堂皇的
美食廣場——巴黎大食舖（La Grande Épicerie），那裡有

05

各式各樣包裝精美的食物誘惑著你。法國人是精美包裝的大

06

師，每盒餅乾、每條糖果，都像一件精致的飾品。

07

08

09

10

11

12

13

14

15

16

17

18

21 Wednesday Mercredi

01

Vert et Rouge

02

03

為了做聖誕賀卡，我跑遍整座巴黎尋找有紅有綠的景色。但
這在巴黎可不簡單，尋找過這樣的景色，我才發現，在光之
城，紅色和綠色的搭配非常稀有。我有拍到幾個條件符合的
畫面，但是我很快就發覺，綠色和紅色不是適合巴黎十二月
的色調。

04

05

06

07

08

09

10

11

12

13

14

15

16

17

18

01

Bleu et Jaune

02

我早該看出來，因為城裡四處點起的燈火和傍晚的夕陽，這

03

個季節的色調其實是蔚藍天空的冷調藍色和天空底下城市裡

點點燈光的亮黃色。

04

05

06

07

08

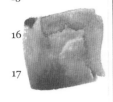

09

10

11

12

13

14

15

16

17

18

01
02
03
04
05
06
07
08
09
10
11
12
13
14
15
16
17

Joyeux Noël

今天的郵局人多到爆，因為以世界各地的時間來說，今天已經是聖誕節前的最後一週了。即使這些包裹可能無法準時在聖誕節以前到達目的地，但是至少把東西寄出去了，可以跟還沒接到郵件的朋友說禮物卡片已經寄出了，一定是郵局的錯！邊說還要邊搭配表示不悅的手勢。

說也沒錯，法國郵局的確是愛什麼時候寄你的包裹就什麼時候寄，完全看他們的心情。而且他們也的確是覺得自己比法國的其他任何機關都要高一等，畢竟他們甚至還有自己的博物館。

法國郵局是首家給每個人建立銀行帳戶的單位，但是郵局裡排隊總是排得那麼長，櫃台人員還會直接告訴你：「不可能」，我實在搞不懂為什麼這麼多人至今還是只用法國郵局的帳戶。不過那對告訴你「不可能」的刻薄紅唇，還是會在提供你糟糕的服務後真心的說聲：「聖誕快樂！」

December Décembre

26 Monday Lundi   *Week 52*

01 你可能會想，二十五號那天大吃大喝以後，大家今天應該就
02 不會上市場了吧？沒想到在二十六號就得開始準備下一頓的
    新年大餐了。這一天下午就像美食展一樣，有鵝肝、扛蠔、
03 香檳、各種起司和甜點；但法國人還是很瘦，我實在不知道
    他們怎麼辦到的。法國禁用塑膠袋，所以你買的各種美食都
04 會以漂亮的紙袋裝盛。

05
06
07
08
09
10
11
12
13
14
15
16
17
18

01

Lettering

02

03

巴黎不見得對每個人的胃口——服務生可能態度很差，語言可能會讓你一頭霧水，而且政府部門實在讓人覺得他們腦袋有問題。但是巴黎可以給你生活。如果你願意仔細觀察，巴黎會給你各式各樣的贈禮。對我來說，巴黎給我最棒的禮物就是文字了。

04

05

06

07

08

09

10

11

12

13

14

15

16

17

18

28 Wednesday Mercredi

01

02

03

04

05

巴黎各處的招牌、告示牌都美得驚人。用柔軟、飄逸的字體
寫出來的美麗文字總是讓我忍不住駐足、拿出相機拍照。法
國人並不是非得把這些字寫得美美的不可，但是他們還是堅
持這麼做，因為他們相當重視「美」。而且他們常常因為得
拿著一些看起來不美的東西而感到生氣，我覺得這樣的法國
人非常可愛。

06

07

08

09

10

11

12

13

14

15

16

17

18

ST. DAVID DAY

01

02　在巴黎的生活也會有一些驚喜，例如下雪。雖然天氣又冷又
下雨，但不知道為什麼，低溫和降雨並沒有讓巴黎常常下
03　雪。所以只要一下雪，大家都會跑出門去看熟悉的景色蓋上
一層露露白雪的景象，大家也會不斷談論關於雪的一切，不
04　過一到午餐時間，大家又會回頭討論食物了。

05

06

07

08

09

10

11

12

13

14

15

16　雪下了大概半天的時間，所以路上出現了許多小雪人，後來又
下了一場雨那些雪人就都不見了，只剩幾根樹枝和胡蘿蔔。
17

18

30 Friday Vendredi

01

03

04

05

06

07

08

09

10

11　對大部分的人來說，總是有所謂「在巴黎的最後一夜」。但
是對海明威來說則不然，他曾說：「如果你夠幸運，得以在
12　年輕時住過巴黎，不管未來的人生你去哪裡，巴黎都會如影
隨形，因為巴黎是一場流動的饗宴。」當你回到家，解開行
13　李、閉上雙眼，巴黎的一切都會在眼皮底下鮮活起來。大街
上人聲鼎沸的畫面、服務生在桌邊打轉的模樣、輝煌的歷史
14　建築浮現於眼前，還有手風琴樂手在你身邊彈奏的記憶，那
繚繞的樂聲伴你緩緩睡著。
15

16　雖然你會離開巴黎，但巴黎從不曾真正遠去。

17

18

「於是我跨步離去，獨留他佇立在月光下…」

　　　　　　　　——《大亨小傳》，F. S. 費茲傑羅

謝謝我在卡羅爾-曼經紀公司（Carol Mann Agency）的經紀人蘿拉·約克（Laura Yorke），妳是「放手去做」的大師。謝謝BJ·柏第（BJ Berti）、柯特妮·里特勒（Courtney Littler）、菲利沛·柯魯茲（Felipe Cruz），還有聖馬丁出版社的（St. Martin's Press）所有人，謝謝你們對我的引導和細心注意所有細節。感謝我的所有朋友，我在巴黎街上突然停下來拍照時，你們總是耐心等我。也謝謝所有訂閱我的「巴黎情書」的每一位讀者，像我這樣的流浪藝術家真心感謝你們的支持和熱情。最後，感謝克里斯多夫·利克（Krzysztof Lik），在我告訴他我要為巴黎寫一本漂亮的書以後，他只輕輕點了點頭；他總是相信我。

國家圖書館出版品預行編目 (CIP) 資料

那一年,我在巴黎：跟海明威一起享受流動的饗宴 / 珍妮
絲‧麥克里歐(Janice MacLeod)；孟令函譯. -- 初版.
-- 臺北市：遠流, 2018.01
面；　公分
譯自：A Paris year: my day-to-day adventures
in the most romantic city in the world
ISBN 978-957-32-8191-7(平裝)

1. 麥克里歐(MacLeod, Janice) 2. 傳記

785.38   106023137

那一年,我在巴黎
跟海明威一起享受流動的饗宴

作者：珍妮絲‧麥克里歐 (Janice MacLeod)
譯者：孟令函
總監暨總編輯：林馨琴
責任編輯：楊伊琳
美術編輯：邱方鈺
封面設計：邱方鈺
行銷企畫：張愛華

發行人：王榮文
出版發行：遠流出版事業股份有限公司
　　　　　地址：臺北市10084南昌路二段81號6樓
　　　　　電話：(02) 2392-6899
　　　　　傳真：(02) 2392-6658
　　　　　郵撥：0189456-1
著作權顧問：蕭雄淋律師
2018年1月1日　初版一刷
新台幣定價 420 元
ISBN 978-957-32-8191-7(平裝)

遠流博識網
http//: www.ylib.com
E-mail: ylib@ylib.com